Erhart Kästner, geboren 1904 zu Augsburg, studierte in Leipzig, Freiburg und Kiel, wurde 1927 Bibliothekar an der Staatsbibliothek im Japanischen Palais zu Dresden und dort Leiter der Handschriften-Sammlung und der Sammlung bibliophiler Kostbarkeiten. Von 1936 bis 1938 war er Sekretär bei Gerhart Hauptmann. Nach sieben Jahren Krieg und Kriegsgefangenschaft wurde er als Direktor der Herzog-August-Bibliothek zu Wolfenbüttel berufen, der berühmten Bibliothek von Leibniz und Lessing. Er leitete sie achtzehn Jahre lang. Jetzt lebt er in Staufen im Breisgau.
Erhart Kästners Werke im Insel Verlag: Zeltbuch von Tumilad (1949), Ölberge, Weinberge. Ein Griechenlandbuch (1953), Die Stundentrommel vom heiligen Berg Athos (1956), Die Lerchenschule. Aufzeichnungen von der Insel Delos (1964), Aufstand der Dinge. Byzantinische Aufzeichnungen (1973). Im Suhrkamp Verlag erschien: Offener Brief an die Königin von Griechenland. Beschreibungen, Bewunderungen (1973).
»Griechenland ist für Kästner nicht ein Land romantischer Besinnung, sondern das der Ölberge und Weinberge, der täglichen Auseinandersetzung mit sehr konkreten Aufgaben des Lebens, zu deren Bewältigung jene demütige, sich ihrer selbst sichere Bescheidenheit der einfachen Berghirten besser taugt als die fruchtlose, weil letztlich den Lebenswillen lähmende Reminiszenz an einstmalige historische Größe. Kästners Sprache ist immer gebändigt von einem fast klassischen Formbewußtsein, die in der Vision eines Bildes aufzublühen vermag, der neben der Prägnanz des Striches Duft, Klang und Farbe eignet.« *Süddeutscher Rundfunk*

insel taschenbuch 55

Erhart Kästner

Ölberge, Weinberge

ERHART KÄSTNER

ÖLBERGE, WEINBERGE

Ein Griechenland-Buch

Insel

Mit Zeichnungen
von Helmut Kaulbach

insel taschenbuch 55
13.–22. Tausend 1974

Insel Verlag Frankfurt am Main
Vertrieb durch den Suhrkamp Taschenbuch Verlag
Umschlag nach Entwürfen von Willy Fleckhaus
Druck: Ebner, Ulm. Printed in Germany

ÖLBERGE, WEINBERGE

Rhamnus ist eine attische Küstenburg und Tempelruine. Gottlob, man kann nur zu Fuß dorthin gelangen, das ist das beste. Ich habe es immer wieder erprobt, daß man eine Landschaft nicht anders aufnehmen kann. Es geht nicht. Man muß die magische Kraft einer Windschutzscheibe bewundern, daß sie einen so von der Schöpfung abzutrennen vermag. Ja, Impressionen kann man vielleicht vom Auto aus haben; aber was sind Impressionen? Des Nichts, des Teufels Kulissen.

In dem attischen Dorfe Markopulo, das einen vorzüglichen Wein hat, wollten die Bauern durchaus, daß ich noch einen Abend dableibe und mit ihnen trinke, aber mich zogs auf den Weg: ich wollte an der Küste entlang nach Rhamnus gelangen. So gaben sie mir ein Eselchen mit und einen Treiber, der die kürzeren Bergpfade kenne. Wir zogen früh aus. Der Bursche erklärte mir auf die anmutigste Weise jeden Feigenbaum, jeden Strauch, jede Frucht: das ist wilder Dill, gut für Salat, er rieb ihn mir zwischen den Fingern, hier die Zistusrose, der Ölbaum blüht, aber leider duftet er nicht, da muß man den Ginster haben, er holte mir gleich einen schwergoldenen Zweig, und da steigt die Lerche hinauf. Dazwischen fragte er immer, ob man das in meinem Vaterlande auch habe. Da ich vielfach verneinte, mußte in seinem Kopfe das Bild eines Landes entstehn, das ungeheuer wenig Dinge besitzt; doch war er zu taktvoll, um mich sein Mitgefühl spüren zu lassen. Ich fragte nach seinen Geschwistern, er nannte neun; es stellte sich aber heraus, daß dies nur die Brüder waren; die Mädchen zählten nicht recht. Vierzehn also im ganzen. Ich fragte, ob sie alle an einem Tisch äßen? Ja, alle an einem einzigen Tisch. Das müsse aber ein ziemlich großer Tisch sein? Ja, groß und rund, da äßen sie alle. Ob es immer reiche? Ja, es habe noch immer für alle gereicht. Überhaupt, der Vater mache noch mehr, jetzt kämen Zwillinge. Ich glaubte nicht recht verstanden zu haben und schlug im Lexikon nach. Ich hatte aber nur ein Liliputwörterbuch aus dem Deutschen ins Griechische mit. Ich schlug also ›Zwillinge‹ auf. Ja, didymoi, Zwillinge, und dabei strahlte er Unschuld aus. Aber, sagte ich, wie will man das jetzt schon wissen? Er erklärte, so habe die Mutter noch nie ausgesehn. Ich fragte: Freut ihr euch da? Gewiß, sie freuten sich alle. Er selber war neunzehn, ein schmalhüftiger, schöner und geschmeidiger Bursche in blauverschossenen Arbeiterhosen und weichen Hanfschuhen; als ich nach seinem Mädchen fragte, sprach er begeistert von ihm. Ob sie die schönste im Dorf sei? Die allerschönste. Ob sie schwarz sei wie er? Nein, blond, eben blond, das sei es gerade, und die Kinder würden also gescheckt. Jetzt müsse er bald zu den Soldaten und dann gleich wollten sie heiraten. Wie sie heiße? Wangelio, sagte er; das mußte die Verkleinerungsform von Evangelia sein. Also sagst du Wangelaki zu ihr? Das war dann noch einmal die Verkleinerungsform. Ja, genau so.

Die Macchia blühte. Der Weg über die Berge lief durch eine einzige Sternensaat weißer Zistusrosen hindurch; zum ersten Mal roch ich den Duft, der die Strenge und das Eifervolle vom Weihrauch

Attische Landschaft

besitzt. Kilometerweit war keine Menschenseele zu sehen, die Gegend ist nicht bewohnt. Unvermutet stießen wir in der Abenddämmerung fast mit der Stirn an den Tempel. Marmorne Tempeltische und Säulenstümpfe, mehr ist da nicht. Wir ließen uns erst einmal nieder und öffneten mehrere Dosen. In der Tiefe ein Tälchen mit einem weißen Kapellenwürfel, dann das tiefblau geriffelte Meer. Vom Ufersaum rauschte der Wellenstoß, der am Strande entlanglief, herauf. Soeben begannen die Berge Euboias sich rosa zu färben, drei, vier Ketten hintereinander, dann überstäubten sie sich mit Gold. Wildtauben gurrten.

Ich durchstreifte die Ruinenstätte der kleinen antiken Stadt, die etwas unterhalb der zwei Tempel liegt, aber noch hoch überm Meer. Man sieht Marmormauern, die einen bewehrten Zugang abgaben und vertrocknete Brunnen, den Hals einer Amphore, und einmal war ein marmorner Pferdeleib da. Wohnungen, in denen gelebt und geliebt worden ist. Alles überwuchert, überwachsen, versunken — überblüht, überblüht: Mohn, Skabiosen, Akonit, Königskerzen, Kamillen und Zistusrosen auch hier. Nur nicht zuviel Archäologie. Es hat mich immer gewundert, daß ihre Anhänger die Phrase, man müsse etwas der Vergessenheit entreißen, ganz ernsthaft verwenden. Entreißen? Etwas aus dem Erdengrab nehmen, um es sogleich in ein Papiergrab zu tun? Archäologie — das heißt, sich der Gefahr aussetzen, Zeit zu verlieren mit einer Zeit, die man schon einmal verlor.

Wir suchten einen Platz für die Nacht, was nicht leicht war, so dicht war der Berg überwachsen. Ich wählte also die Tempelterrasse. Es wurde schnell dunkel. Der Mond gewann langsam an Licht, eine scharfe, die Ränder überspielende Sichel. Fledermäuse. Hundegebell von sehr fern. Von woher?

Danach war alles besorgt, ich lag auf dem Schlafsack und trank. Der Junge war sofort eingeschlafen, ich hatte nur eine Decke für ihn. Der Esel, den wir an einer kleinen Kiefer festgemacht hatten, roch stark nach Stall. Er schnob und suchte nach Blättern. Gras gibt es ja nicht; man muß froh sein, daß so ein Guter von den Weiden seiner Kollegen im Norden nichts weiß. Der Tempelstein hatte tagsüber viel Wärme gesogen und gab sie nun ab. Die nachtblauen Bergzüge auf beiden Seiten zum

Meere hinunter umrahmten wie auf dem Theater das Drama des Sternenaufgangs.

Sehr übel, dies himmlische Kreisen nicht allnächtlich zu haben. Es ist unser Anblick der Zeit. Dieses Rundum, das ist die Zeit, in die wir eingesperrt sind wie die Brummfliege in die Flasche; alles kreist, alles kehrt wieder. Jahreszeit, neues Leben, Geburt. Hat man das einmal erfahren, so weiß man auch, daß man nur die Hälfte erfuhr: denn was kreist, will dem Mittelpunkte entfliehn. Es kreist, weil es auszusteigen gedenkt. Man muß die Bilder, so wie sie erscheinen, nur ausschöpfen; man muß ihnen wie dem Geschaffenen vertrauen, es ist alles darin. Wir kreisen, aber wir haben das Anliegen des schwingenden Steins, zu entfliehn; das Kreisen ist unsere Lust, unsere Unlust, unser Genügen und unser Ungenügen zugleich. Was sich im Kreisen genügt, ist das Mittelpunkthaften. Es ist das Frauliche. Es weiß, was es will. Vielleicht ist es die einzige Möglichkeit, diese Welt zu bestehn. Wenn die Fliehkraft nicht wäre. Was aber würden wir ohne sie sein.

Die Mücken begannen zu surren, sie hatten uns also entdeckt. Da heißt es aufpassen; Malaria ist kein Vergnügen, wie ich im Krieg und im Nachkrieg an vielen Exempeln erfuhr. Der gute Loisl; er starb, nachdem er längst heimgekehrt war, hinterm niederbayerischen Pflug an seiner kretischen Mücke. Ich schürte ein Feuer und ertrug lieber den Qualm.

Damals, während des Kriegs, hing ich sehr an des

Epimenides Geschichte, der aus Kreta stammte und dann hier in Attika war, ein Halbgott oder ein Siebenweiser, ich weiß nicht genau. Als er noch klein war, brachte ers fertig, siebenundfünfzig Jahre hintereinander zu schlafen, ein gut zu habendes Kind. Sein Vater schickte ihn morgens mit den Ziegen hinaus, dann war nichts wieder von ihm zu sehn. Er hatte sich in seinem Lieblingshöhlchen schlafen gelegt, Mittagsglut, Ziegengebimmel; es war Abend, als er wieder erwachte. Er kam sich gleich so ausgeruht vor, ging hinunter ins Dorf und traf seinen Bruder als alten Mann. Da wurde er weise.

Seinerzeit versann ich mich geradezu in diese Geschichte; es kam mir höchst wünschenswert vor, Zeit zu verschlafen und erst im Frieden wieder zu mir zu kommen. Jetzt, wo es besser geht, nicht mehr so. Doch bleibt, daß es unser allgemeines Anliegen ist, Zeit auszusetzen. Wir fallen mit Lust in die tiefschwarzen Schächte des Schlafs und loben die Zeit, von der wir nichts wissen, als daß wir sie träumend hingebracht haben; wir beklagen uns laut, wenn uns eine Nacht lang die Krankheit des Zeitgefühles nicht mied. Also verdienen alle die Vorgänge unsere Aufmerksamkeit, mit deren Hilfe wir Zeit löschen: nicht vertreiben natürlich, nicht übergehen, sondern wirklich auslöschen. Es sind die Momente des großen Glücks und Unglücks, die sich da melden. So löscht die Liebe die Zeit. Liebesentzückung ist Ausstieg aus Zeit. Es ist unser tiefes Paradoxon, daß sich gerade aus diesem Ausstieg junges Leben erzeugt: also neuer Vorrat an Zeit. Jede Versenkung ist Ausstieg aus Zeit; Traum, Rausch und Lied löschen Zeit. Das Gespräch entmachtet die Zeit. Sturz in die Landschaft: reine Entzückung, Verlöschen der Zeit. Dann ist es, als ob das verhaßte Zahnrad nicht griffe. Wir sind abgelöst, Zeit muß sich drehen, ohne Macht an uns auslassen zu können.

Ich stieg noch einmal zu der kleinen Spitze hinauf. Ein Fischerboot sandte von weither sein Licht. Im Mondschein das Tälchen; nun ganz erbleicht die weiße Kapelle am Meer.

Die Zeit ist das Leere an sich. ›Als die Zeit erfüllet war‹ kann nicht heißen, daß sich genügend Zeit aufgesummt hatte oder daß Zeit reif war wie für Äpfel, sondern daß Fülle einbrach. In die Leere der Zeit brach Pleroma, die Fülle, herab. Zeit ist also das Leere; wenn sie Gefäß ist, muß sie das sein. So gesehen ist es absurd, daß man mehrmals am Tage Zeit mißt. Ja, manche Leute tragen ständig ein Uhrwerk mit sich herum, um immer das Leere zu messen. Sie sollten die Zeit an der Fülle messen, mit deren Hilfe ihnen Zeit zu löschen gelang. Das gäbe andere Uhren.

Es ist eine der Unsinnigkeiten, aus denen wir leben, daß wir Zeit zwar mit Lust tilgen, wenn es aber daran geht, das Zeitliche ganz zu verlassen, und das ist doch die größte Chance zum Löschen von Zeit, gebärden wir uns wie die Kinder, die nicht zu Bett gehen wollen. Man muß doch geradezu auf den Gedanken verfallen, daß Zeit uns gewährt ist, damit wir sie löschen. Immer ein wenig gelöscht heißt vorwärts gekommen. Der Vorrat an Zeit, der durch die Schöpfung entstand, muß kleinweis abgedient werden. Ein schlechtes Leben, das nicht viel Zeit gelöscht hat; das schlechteste, das keine Zeit hatte, welche zu löschen.

Der Mond, wie es seine Art und Aufgabe ist, spann eine Glitzerstraße über das Meer; er wob sie aus zehntausend Wellchen unaufhörlich zusammen, in jedem Augenblick neu.

Dabei rechnet jeder sein Leben doch nur nach den Momenten, in denen ihm die echte Zeitüberwindung gelang, seien es nun die Liebesstunden oder die Katastrophen seines Lebens gewesen. Das ist so, wie wenn wir früher die große Schultafel löschten: welches Vergnügen, das Schwemmen und Löschen, welche Wohltat die Schwärze: sie kam ohne Zweifel von Gott. Denn die Tafel muß leer sein, wenn Gott etwas daraufschreiben soll. So hat das Kind ein königliches Verhältnis zur Zeit, nämlich keins, wenn es spielt. Das ist es, was wir an der Kindheit bewundern: Ausstieg aus Zeit, Paradies. Das Kind ist verdienstloser Sieger, ein Sieger im Gnadenzustand. Sein Sieg ist, niemals zu Ende zu preisen, denn wo gibt es das noch, sein Sieg ist ein schuldloser Sieg.

AUF DEN ERSTEN BLICK

Meine Liebe zu Griechenland stammt aus dem Krieg. Ich hatte mich als griechischer Dolmetscher gemeldet, ohne ein einziges neugriechisches Wort zu verstehn. Mich wundert noch jetzt, wie man so viel Glück auf eine so dreiste Lüge aufbauen kann. Aber es war, als hätte ich eine Zauberformel gefunden. Vorher war nichts gegangen, jetzt ging alles märchenhaft gut. Aus Mitteldeutschland, wo ich auf einem trostlosen Flugplatz in einer trostlosen Baukompanie war, befahl mich ein Fernschreiben nach Wien. Hier schon begann mich mein Lügenmut zu verlassen; ich gestand, wie wenig weit her es mit meinem Griechischen war. Doch schrie der Feldwebel der Leitstelle, es handle sich nicht darum, ob ich Lust habe, eine Vergnügungsreise zu machen, Befehl sei Befehl. Also fuhr ich. In Saloniki sah ich mich dem Major eines Generalstabs gegenübergestellt, der sich erzürnte, daß man ihm immerzu Dolmetscher sende. Kein Mensch brauche hier Dolmetscher. Meine Anmerkung, daß ich außerdem gar keiner sei, trug nicht zu seiner Besänftigung bei. Ich erhielt den Befehl, mir Marschpapiere zurück zur Truppe ausschreiben zu lassen und wieder ins Nichts, das mich versehentlich ausgespien habe, zu verschwinden. Ich hatte die Türklinke des Majorzimmers bereits in der Hand, als er mir nachschrie: oder seinetwegen, ich solle die Papiere nach Athen ausstellen lassen, vielleicht habe man

dort für meinen Typus Bedarf. Das Seltsame war, daß man ihn hatte.
Ich war nun von einem Sog des Glückes erfaßt. Nach Athen? Da war ich am Ziel meiner Wünsche. Freilich hielt ich für ausgemacht, mein Abenteuer werde sich nur auf wenige Tage erstrecken; aber dann hatte ich diese Stadt doch wenigstens einmal erblickt. Hätte ich damals erfahren, mir seien volle vier Jahre in diesem Lande beschieden, ich glaube, mich hätte die Freude zersprengt.
Frühjahr 41. Von der Fahrt nach Athen wird mir ein Morgenbild immer in Erinnerung sein. Unser Züglein tief eine köstliche Weile am Meere entlang. Auf der Landseite wölbten sich die blauen Massen des Olympos empor. Zwischen dem Gleis und dem Ufer war ein Streifen blendend weißen Kieselgerölls; der Saum der heiligen Flut war nur einen Steinwurf entfernt. Das Element war an diesem Morgen so jung, als sei es soeben erschaffen; es war, von Glanz überlaufen, seliger als man es in den Träumen erblickt. An einer Ausweichstelle der eingleisigen Strecke wartete ein entgegenkommender Zug. Unsere Wagenreihe schob sich langsam an der anderen entlang. Es waren Fallschirmspringer von Kreta und eine Flakbatterie; auf den flachen Eisenbahnwagen standen vertäut die Geschütze, überpudert von Staub, darauf und dazwischen standen und saßen die Kämpfer, kurze Hose, Sonnenbrille und Tropenhelm. Ihre Körper waren in den wenigen Tagen kupfern gebrannt, ihre Haare weißblond.

Da die griechischen Bahnen eine Leidenschaft für Aufenthalte besitzen, entstand eine Rast. Man kam von Zug zu Zug ins Gespräch. Bald aber kletterten einzelne, dann mehrere von den Wagen herunter, rannten über die Kieselfläche zum Ufer hinab und in die aufsprühende Salzflut hinein. Und was sich in der nördlichen Heimat keiner hätte einfallen lassen, alle verschmähten, das Abzeichen neuzeitlicher Körperscham, die Badehose zu tragen. In junger Nacktheit tummelte sich am Fuß des Olympos die landfremde Schar und unversehens wehte homerische Luft. Mit Ahnungslosen malte die Landschaft sich ein Erinnerungsbild.
Als ich die Straßen Athens in einer Mainacht betrat, durchfuhr mich Verheißung und Glück. Bereits auf dem Wege zum Bahnhof wollte mir irgendein uniformierter Landsmann erzählen, daß das Museum mit den berühmten Götterbildern zugänglich sei und daß er es täglich besuche. Dies stellte sich zwar in der Folge als pures Geflunker heraus, die Stelle auf dem Asphalt aber ist mir genau in Erinnerung geblieben, denn dort beschloß ich, mich aus der mit so heftigen Lügen gewonnenen Stadt nicht so bald wieder vertreiben zu lassen. Aus dem Boden Athens stieg mir ein Strom von Zuversicht auf. Die sommerlich heiße, strahlend erleuchtete Stadt sprach Hoffnungskraft zu. Hier wird geblieben, sagte ich mir.
Als ich mich am anderen Tage vor einem Konsilium von drei Stabsoffizieren befand und es mich unvernünftigerweise wiederum drängte, meine

Sprachignoranz zu gestehn, sollte ich wieder nach Haus geschickt werden. Doch fand ich den zivilistischen Mut, darzulegen, daß ich in meiner Heimattruppe vollkommen fehl am Platz sei, während ich mir vorstellen könne, daß ich hier irgendwie besser verwandt werden könne. Mit grenzenlosem Erstaunen wandten sich die drei Schicksalsgottheiten auf ihren Stühlen herum, um den absurden Sprecher ins Auge zu fassen. Große Pause. Dann schlug einer von ihnen vor, es mit mir zu versuchen. Moira zog, alle drei nickten und ich blieb in Athen.

Athen: beim Schloß

Schon nach einigen Wochen glückte es mir, zu einer Dienststelle zu kommen, deren Aufgabe eine wohltuend unmilitärische war: es war eine psychologische Teststelle für Flugzeugpiloten. Alsbald sah ich mich von Gleichgesinnten umringt. Wie es im Leben wohl nur ein paar Male im Schwunge glücklicher Ankünfte ist, gewann ich in wenigen Tagen einige Freundschaften, die für ein Leben zu halten versprachen. Der Major, der diese seltsame Dienststelle führte, Bruno Klaar, wurde mir in dem Augenblick Freund, als er mir erklärte: ich habe unrecht, wenn ich annehme, daß meiner Versetzung nach Athen ein Sinn einwohnen müsse, es sei vielmehr eine rein militärische Maßnahme gewesen. Die scharfe Trennung zwischen einer sinnvollen und einer militärischen Maßnahme war mir neu, aber gleich evident.

Klaars Dienststelle war in einer Villa hinterm Königsschloß untergebracht. Die Akazien blühten in bläulichen Trauben: man kennt den süßen, die Sinne verwirrenden Duft. Auch die Glyzinien rankten und blühten. Deutschland war ein trüber Kerker geworden und wir waren ihm auf irgendeine Weise entflohen. Ein kurzer Krieg war zu Ende gegangen, die Straßen voll Jugend, die nicht in Uniform war. Die Hungerkatastrophe des kommenden Winters, die schreckliche Zukunft des ganzen Erdteils war noch keinem bewußt; in südlicher Sorglosigkeit aß man die Vorräte auf. Noch hatte der Krieg mit Rußland ja nicht einmal begonnen; die meisten ahnten ihn kaum und gaben sich dem Vorgefühl eines baldigen Kriegsendes hin.

In einer ihrer lichtesten Eingebungen hat die Landsersprache für einen leidlich unbehelligten Posten die Wendung erfunden, daß man da ›einen Lenz habe‹. Bei Brunon lenzte es stark.

Gegen Ende des Sommers wurde ein dünner und überlanger Mensch im trügerischen Rang eines Quasi-Majors zur Dienststelle versetzt. Er hieß Helmut Kaulbach. Eigentlich Maler und mit dem berühmten Fritz August Kaulbach verwandt, hatte er eine Zeit lang die sonderbare Wissenschaft der Psychologie zu studieren versucht; dies setzte den gütigen Klaar, der ihn von früher her kannte, in Stand, sich für ihn zu verwenden und ihn zum militärischen Seelenforscher in seinem Standort Königsberg zu machen; ja, da Klaar die unschätzbare Gabe besaß, sich auf die Lenkung des militärischen Marionettentheaters mit leiser, doch energischer Hand zu verstehn, brachte ers fertig, Kaulbach nach Athen nachzuziehn.

Kaulbach war ein sehr zarter, anfälliger und empfindlicher Mensch. Mit der Reizbarkeit, die er besaß, hingen natürlich auch seine Vorzüge zusammen. Er war ein Eingeweihter, der sich durch Geburt auf einer hohen Stufe der Reife befand. Seine theologischen Einsichten beglückten; ohne im mindesten unter Moralgesetzen zu stehn, besaß er Verbindungen allersicherster Art; er wußte Dinge, zu deren Erkenntnis andere, zu denen ich mich zu rechnen Veranlassung habe, nur hoffen dürfen, es im Lauf von Jahrzehnten zu bringen. Er wußte die Antworten. Da konnte man sehen, was es heißt, höher geboren zu sein. Es fehlte ihm durchaus an Aktivität; mancher Tag, manche Woche konnte im

Unwesentlichen, im Getändel und im Liebenswürdigen bleiben; wandte sich das Gespräch aber Entscheidendem zu, war er da. Dann stellten sich mühelos Antworten ein, ohne Tasten und Suchen, so wie man den Schublädchen eines alten Sekretärs kostbare Dinge entnimmt, von denen man nicht weiß, wer sie eingelegt hat.

Erfahrungen, die er gesammelt hätte, waren das nicht. Seine Belesenheit war überraschend gering. Aber was wiegt das. So anerkennenswert es sein mag, sich dies und jenes ergrübelt zu haben: was wiegt das gegen die Auszeichnung, die darin besteht, daß einer nicht dem verhärteten Zuschluß erliegt, daß er Einströme kennt, die nicht sein Verdienst sind, nicht Leistung, reines Geschenk.

Künstler haben Widerfahrnisse solcher Art von Natur, sofern sie ihren Künstlernamen verdienen. Oft aber bleibt der Einstrom auf den Bereich ihrer Kunstübung beschränkt, der sich dann wie eine Zyste abkammert: dann bleibt der Beschenkte Artist und alles ist fraglichen Werts. Das war nicht Kaulbachs Situation. Erst war seine Reife und dann seine Kunst; es machte ihm unsägliche Mühe, diese nach sich zu ziehen. Der Leistung war er feindlich gesinnt; eigentlich war ihm jede Arbeitsstunde verhaßt; mit dem Satz: nulla dies sine linea konnte man ihn zu einer blassen Fassungslosigkeit bringen. Ihn besaß eine Scheu, etwas aus dem Reich des Ungeborenen ins Geborene zu ziehen und somit dem Realen ein Zugeständnis zu machen. Es hat gewiß seine gute Bewandtnis damit. Das Ungeschick ist es, was die Götter nur ganz besonderen Lieblingen schenken. Fertigkeit schenken die Musen. Aber für das, was darüber ist, wird es ohne das Zutun des Gottes nicht gehn.

In den Neujahrstagen unternahmen wir, was Kaulbach bei seiner gehobenen Stellung in den Weg leiten konnte, einen Ausflug nach Aigina, der

Mole von Aigina

Insel, die im Saronischen Golf vor Athen liegt und die man vom Piräus in drei oder vier Stunden erreicht. Auf der stürmischen Rückfahrt vertrieben wir uns das Unbehagen mit einem phantastischen Plan: um mehr von Griechenland kennzulernen, wollten wir, er zeichnend, ich schreibend, ein Buch machen. Am Abend entrollten wir unserm Freund Bruno das Projekt. Ich glaubte meinen Ohren nicht trauen zu dürfen, als er sagte: wenn wir das ernstlich vorhätten, melde er sich morgen beim General, um sich den Auftrag für uns geben zu lassen. In Eile wurden nachträglich Gründe gesucht und, da Gründe ja immer das allerbilligste sind, auch gefunden und niedergeschrieben: daß es nicht unwichtig sei, dem einfachen Manne ein Bild von diesem Lande zu geben und ihm begreiflich zu machen, daß man es lieben und wertschätzen solle: in der Tat war es widerwärtig, anhören zu müssen, wie sich, einer damals oder immer herrschenden Geistesverfassung gemäß, jeder dieser hergelaufenen Tüchtigen überhob und sich in Beschimpfungen des faulenzenden und betrügenden Südvolks erging, ohne zu ahnen, daß jeder einzelne Grieche so viel uralte Erfahrung im Blute besitzt, daß es sich sehr wohl empfahl, etwas davon zur Kenntnis zu nehmen. Aber was kommt schon dabei heraus, wenn sie alle in fremde Länder zu reisen anfangen! Nichts; sie tragen ja doch wie die Zinnsoldaten ihr bißchen Standort mit sich herum.

Klaar hielt Wort und erwirkte mit seinen idealischen Blaublicken des Generals Ja, wobei er im einzelnen wenig festlegte, wie es der Art optimistischer Schwimmer entspricht. Mit seiner Lieblingsformel ›Alles klar, kein Problem‹ kehrte er in die Villa zurück. Ich erinnere mich, wie wir im Pläne-rausch, noch auf der Treppe, gleich den Grundriß für drei Bände entwarfen und uns vornahmen, erst dies eine Buch über das Festland, dann eins über Kreta, dann eins über die aigaischen Inseln zu machen. Aber das war nicht einmal unser eigener Ernst.

So waren wir denn dem Untier Militarismus auf Haupt und Schultern geflogen und genossen die Aussicht von Herzen. Doch der gemeinsamen Fahrten wurden nur wenige und die glückliche Zeit war nur lächerlich kurz. Im Januar und im Februar ist es in Griechenland bekanntlich recht kalt; nirgends kann man das Frieren besser als in den sogenannten heißen Ländern erlernen. Noch im herbstlichen warmen Dezember verlachten wir die liebe Marika, die uns voraussagte: »Ihr werdet vor Frieren noch Rebhühner fangen« – und dabei ihre Hände gegen die Zimmerwände aufflattern ließ: nie habe ich den Sinn, später aber sehr wohl den Ernst dieser seltsamen Wendung begriffen. So begann unsere gemeinsame Tätigkeit, oft gestört und bedroht, erst im März und April. Schon im Juli war sie für immer zu Ende.

Es war damals kein reines Vergnügen, in Griechenland auf Reisen zu sein. Das Land sah sich in technischer Hinsicht in den Stand der Unschuld versetzt; es hatte ihn ohnehin nie recht verlassen. Nun komme aber einer ohne Motore im feindlich verschlossenen, bergigen, hungernden, mißtrauischen Lande zurecht! Man kann sich nur wundern, wie da die Entfernungen wachsen; auf einmal gelten die Maße, nach denen sich die Irrfahrt des Odysseus bemaß. Bergpfade in wegloser Hitze: da werden die Quellen wieder zu dem, was sie eigentlich sind. Heiße, stechmückensirrende Nächte, Halbschlaf, von Ungeziefer gequält: da wird der gute Gastfreund zum Glück. Mehr und mehr wuchs die

Partisanengefahr; zwei oder gar ein einzelner Deutscher allein, das mußte verdächtig erscheinen. Trat dann, wie häufig, echte Gastfreundschaft auf, so spürte man ihren kultischen Grund. Noch heute sehe ich viele unserer struppigen Gastfreunde in Rührung vor mir.

Wer so reist, entgeht wenigstens der Gefahr, ein Land im Zeichen des Reisebetriebes kennenzulernen. Das wenigstens bleibt ihm erspart, dieses stumpfe Befördertwerden, dieses Kostenlose des Reisens, dieses apathische Kommen und Starren, Fotografieren und wieder Gehen, diese schlechte Angewohnheit, sich durch Trümmerfelder treiben zu lassen und eine archäologische Trompete zu hören, dieses hastige Konsumieren von Orten, das gerade genügt, um hundert Plätzen für immer die Unschuld der ersten Begegnung zu rauben. Damals brauchten wir nicht einmal Mykenai, Epidauros und Delphoi zu scheuen, an denen man in Friedenszeiten schwerlich den Fremden-Autobussen entgeht. Sie waren verlassen, wie es die Wildnis der griechischen Berge und Küsten ohnehin jederzeit ist.

Meine Freunde zeichnen sich dadurch aus, daß es nicht leicht ist, mit ihnen zusammenzuleben, so daß ich hin und wieder auf die Idee komme, es könne auch an mir liegen. Kaulbach litt schwer unter den Anstrengungen, zu denen ich ihn fortwährend zwang und die nach meinen Begriffen kaum welche waren.

Sein asthenischer Körper brachte die seltsamsten

Fluchtphänomene hervor: bald bekam er eine Bartflechte, die ihn zwang, um sein schmales Gesicht einen blonden Kräuselbart wachsen zu lassen, so daß er den milden Jugendfotografien irgendwelcher Großonkels glich, bald gab er tagelang jegliche Speise von sich und auf einmal hatte er die Kunst des Schlafens verlernt, hatte er plötzlich vergessen, wie man das macht, am Abend über die Schwelle des Schlafes zu kommen, mußte vierzehn volle Tage und Nächte wachbleiben und im heißen Hause und auf der Dachterrasse umherirren, bis es ihm wieder einfiel. Tagsüber lebte er ohne Zeitgefühl und hielt keine Verabredung ein. Er kam immer zu spät, es war ein ewiges Warten auf ihn. Kam er dann, war immer schon alles verteilt, worüber er jedesmal schrecklich enttäuscht war. Doch wußte er, daß es ausreichen würde, wenn ihm ein einziges Bild glückte; recht hatte er. Ob es *eine* Sache oder mehrere sind, mit denen man sich seinen Rang gibt, ist doch ganz gleich. Man *hat* also Zeit.
In der Landschaft gab es beinahe um jedes Blatt, das zu zeichnen war, einen Kampf. Er behauptete, ich treibe ihn mit der Nilpferdpeitsche voran. Doch ich bin froh, ihn einmal in seinem Leben zum Fertigwerden gezwungen zu haben. Er war es ja selber; wie die Blättchen sich mehrten und wir sie zu seiner kindlichen Lust auflegten und Zensuren verteilten und die weniger gelungenen kassierten, hatte er glückliche Stunden, in denen er seines alten Vaters gedachte; es erschien ihm wunderbarer zu sein, daß es jener erlebe, sein Sohn habe es doch

noch zu einer Leistung gebracht, als daß er es selber erlebte. Freilich, er hat es ja auch nicht erlebt; drei Monate, nachdem wir uns trennten, noch bevor das kleine Buch ausgedruckt war, hatte ihn schon der russische Schlamm und das gestaltlose Elend verschlungen.

Das Übrigbleiben ist ein langwieriger Tod. Ich mußte nun zusehen, allein weiterzukommen. Dabei hatte ich, als ich das Manuskript schloß, das Gefühl, daß ich jetzt erst anfange, Griechenland kennenzulernen, was vorausging, war nichts als ein erstes Umarmen, das meistens ungenau ist. Dies Land erfordert Zeit und Geduld. Die beides nicht haben, speist es mit ein paar Allerweltsplätzen ab: sie sind ja mit dem geringsten Bißchen zufrieden. Zeit und Geduld muß man haben: Zeit ist der natürliche Reichtum des Menschen und Geduld ist der Ausweis, daß man das Geburtsrecht auf diesen Reichtum besitzt. Durchzudringen wird einem nicht an jedem beliebigen Tage geschenkt.

Das Durchdringen. Jeder bewahrt in seinem Gedächtnis eine Reihe von Tagen, an denen er durchzudringen vermochte und den Glanz der sieben Schöpfungstage erblickte. Die Knabenjahre waren reicher daran. Da war ein erster Sonnenaufgang, Tauwiesen, eine erste Hochgebirgsnacht mit brennenden Sternen, der Fall in einen Augusttag beim Baden am Fluß: Tage, in denen das Anschaun gelang. Dann glückte es, die Dinge zu sehn, als rückten sie eben aus gewaltigen Fernen entgegen, wie Funken eines abbrennenden Feuers hersprühn.

Dann schreitet man durch die dicht gedrängten Reihen der aufgestellten Dinge hindurch und tritt aus der Zeit. Dann ist man vom Ätherwind angeweht, der ohne Zeit ist. Dann ist die Landschaft durchscheinend geworden; dann singen Ströme aus ihr, die von weither kommen: auch sie nur ergriffen, hingerissen auch sie. Was Zikade ist, muß in der Mittagsglut irrsinnig schrillen; aus denselben Fernen gelangt an die Nachtigallen Befehl, am hell-lichten Tage zu schlagen: Nachtigall bin ich und schlage.

Von solchen Tagen kehrt man am Abend mit den Zeichen der Trunkenheit heim, wie junge Leute von Sommerfahrten heimkommen. Es sind gute Zeichen; Aufschwünge sind immer mit diesem Stigma versehn. Trunkenheit des Liebesmoments, Schlaftrunkenheit, die den Traum in sich trägt, Hingenommenheit der Versenkung und der Rausch des Schaffensmoments: in die Reihe rückt der Sturz in die Landschaft dann ein. Da er Offenbarungskraft hat und im Stand ist, Zuflüsterungen zu schenken, zählt er zu den Mächten, mit deren Hilfe wir durch die Wände zu treten vermögen. Dann ist uns für eine Weile das Freie gegönnt.

Also fuhr ich fort, nach solchem Abenteuer zu suchen. Denn das war es; es wäre mir keinesfalls lieb, wenn diese Aufzeichnungen als ein Reisebericht aus der Ferne aufgefaßt würden; Heimat ist, was sie meinen. Auf Kreta, der unerschöpflichen Insel, wies sich von selber der Weg. Denn die Bildungsstätten, die immer das Bedenklichste sind, weil Bildung leicht das Abenteuer verstellt, sind dort ganz verdorben. Kreta ist Wildnis, unbegangen und unberührt, jeder Schritt ist Begegnung; in diesem Urland lernt sich am leichtesten, was Griechenland ist. Und Meereswildnis sind auch die aigaischen Inseln, die dutzendweis aufschimmern und die einander so unähnlich sind.

Als der Krieg zu Ende ging, war ich auf Rhodos; ein Jahr abgeschnitten von aller Welt und ihrem trüben Geschehen. Meiner vielfachen Wanderungen wegen, die ich fast immer allein gemacht hatte, wurde ich gleich nach der Übergabe vom britischen Geheimdienst als besonders verdächtig verhört: freilich liegt es für einen Engländer nahe, anzunehmen, daß einer geheime politische Aufträge hat, wenn er angibt, mitten im Krieg archäologische Forschung zu treiben oder, noch schlechter erfunden, Bücher verfassen zu wollen. Daß ich einwandte, die Generale des verhaßten Regimes, mochte man dies und das gegen sie sagen, seien in diesem Punkt großmütig gewesen und ich habe ihnen zu danken, machte mich wieder in anderer Weise suspekt. Daß ich nicht Offizier war, hielt man für Tarnung. Jedenfalls wurde ich festgenommen und zu Verhören nach Alexandria und Kairo gebracht. Hatte ich während des Krieges das Unwahrscheinliche durchgesetzt, auf eigene Faust meine eigenen Wege zu gehen, so mußte ich es als eine Aufmerksamkeit der Sieger empfinden, im Stile zu bleiben und mich auch in Gefangenschaft allein abzuführen. Stolz und einsam stand ich auf dem Oberdeck

eines Zerstörers, der mit großer Schnelligkeit übers Mittelmeer nach Alexandria fuhr.
Dem mich inhaftierenden britischen Major sagte ich, ich habe jetzt, nach beendetem Kriege, keine Zeit mehr zu verlieren und durchaus nichts anderes im Sinn, als bald wieder in Griechenland auf Reisen zu gehn und das Begonnene zu Ende zu bringen. Er erwiderte: »Schon; aber bis dahin werden fünf bis sechs Jahre vergehen.«
Sechs Jahre also. Er hat, obgleich ich ihn damals für wahnsinnig hielt, so ziemlich das Rechte getroffen.
In diesen sechs Jahren sind meine Liebesblicke für dieses Land nie matter geworden. Wir sind so geartet, daß uns die Stimme der Liebe in der Entfernung am vernehmlichsten ist. Während die ersten Begegnungen das Beglückendste sind, denn da haucht uns Eros am heißesten an, pflegt seine Erscheinung im Sehnsuchtsbilde am reinsten zu sein. Im Wiedersehn aber schießt beides zusammen: Liebesanblick und Erfüllung. Es ist der Liebenden allergrößter Moment.

WIEDERSEHEN

Ich halte nichts von glorreichen Ankünften, trete gerne durch nebengeordnete Pforten ein und bin lieber von unauffälligen Zeichen, kleinen Vertrauensbeweisen, als von Fanfarenstößen empfangen. Von Fanfarenstößen konnte denn auch die Rede nicht sein, als ich sieben Jahre nach dem beendeten Krieg eines Morgens im Piräus anlangte. Der Hafen war staubig und wüst, alles im gewohnten Zustand des Halbkaputten, für das der Süden eine solche Leidenschaft hat. Nur daß jetzt vor den ungenierten Löchern in den Asphalten nicht nur die Handkarren, sondern Buicks und Packards sich beugten. Auf dem Schiff hatte ich einen Träger gefragt, ob er drunten einen Karren besitze; er hatte eifrig bejaht, aber dann hatte er keinen und belehrte mich: all diese Sachen auf den Schultern bis zur Station der Athener Schnellbahn zu tragen, dürfe ein Christ nicht von einem andern verlangen. Er sagte: pädi mu, mein Kind. Also herbei mit einem Karrenbesitzer; der Vorige forderte und verabschiedete sich. Der Karrenbesitzer wiederum durfte die Station nicht betreten, hier beherrschten uniformierte Kollegen das Feld. Er rief einen herbei, forderte und verabschiedete sich. Der Zug erreichte die Stadt als Untergrundbahn. Neuer Träger, dann Taxi. Als ich am Ziel war, hatte ich neunzigtausend Drachmen verloren, das sind dreißig Mark. Athen war derzeit der teuerste Platz der Welt. Aber es hatte durchaus nichts davon, denn es litt.

Ich hatte vor, zunächst zu Marika zu gehen, die ein kleines Haus dicht unter dem Lykabettos besitzt. Der Taximann fand sich nur mühsam zurecht; auch mir war der komplizierte Zuweg einigermaßen entfallen; schließlich war es acht Jahre her. Wir versuchten es da und dort, gerieten aber immer an

Piräus: Halbinsel Akte

Treppen. Auf einmal waren wir da. Die Gitterpforte: ich hätte den Trick mit dem Draht, an dem man sie aufziehen mußte, nicht mehr auswendig gewußt, nicht einmal, daß ein Trick notwendig war; nun aber griff die Hand mechanisch danach. Da bauten sich die Gartenterrassen hinan. Der Mohn blühte, das Ölbäumchen – ach, das Ölbäumchen, tüchtig gewachsen, weiße Rosenbüsche, rote Rosenbüsche, jetzt, im April, und die Laubendächer mit Wein. Das antike Marmorrelief, in die Wand eingelassen, und die merkwürdigen eingemauerten Teller. Alles ein bißchen sorglos, wie immer; nur nicht zu ordentlich, das liebt man hier nicht.

Das Haus, das sich als letztes an den Lykabettos anlehnt, so daß sich im bergwärts gelegenen Teil des Gartens gern die Liebespaare umschlingen, besitzt, wie gewisse Vexiergefäße das haben, mehrere Einschlupfe zu mehreren Appartements. Marika vermietete sie. Wie ich staunend bemerkte, hatte sie auf das alte Büdchen zwei neue Stockwerke gesetzt, so daß es jetzt, gar nicht übel, wie ein kleines Hochhaus aus Würfelbausteinen aussah. Aber noch keineswegs fertig.

Erst nachdem ich bei zwei verschiedenen Eingängen auf Morgenschläfer gestoßen war, geriet ich an Marikas richtige Tür. Ich pochte. Nach einer Weile tapsende Schritte irgendwelche Stufen herunter und die tiefe befehlende Stimme, wer da sei. Ich sagte, dicht an der Tür: »Ego ime, Marika; ich bins.« Sie wiederholte, mehrere Male, für sich: »Ego ime, ego ime...?«, dann öffnete sie und sagte auf deutsch: »Steht da und sagt: ego ime, ego ime sagt er, nach so viel Jahren, mein Kind!«

Erstes Frühstück. Unter dem Treppenbogen tranken wir Tee. Ich ließ mich auf einen Stuhl nieder, der mir auf unbestimmte Weise bekannt vorkam; man konnte ihm zutrauen, ein Geschenk der abziehenden deutschen Wehrmacht zu sein, doch vermied ich, danach zu fragen. Marika sagte: »Nimmst du Zitrone zum Tee?« und griff, als ich bejahte, über sich in ein Bäumchen, pflückte und reichte sie mir. Dann wollten wir ausgehen. Sie sagte: »Putz dir die Schuhe, mein Kind. Warte, ich gebe dir eine Bürste. Es ist ohnehin deine.« Ja, es stand eine Feldpostnummer darauf, die mir wie der Schattenwurf eines anderen Lebens vorkam.

»Was ist denn aus Goldchen geworden?« fragte ich sie, als wir, nach einer Besorgung, die steile Straße aus dem Zentrum zum Lykabettos zurückstiegen. »Lebt sie noch, ist sie noch hier?« Goldchen war eine Deutsche, die vor dem Krieg nach Griechenland geheiratet hatte und dann Dolmetscherdienste aus einem sächsisch gesättigten Deutsch in ein sächsisch gesättigtes Griechisch versah. Ihren Namen hatte sie von ihrem rotblonden Haar, denn sie war eine Hübsche; wir hatten ihn in Chrysaki hellenisiert. »Schon,« sagte Marika, »aber sie hat nicht mehr ihren Herkules, von dem ist sie geschieden oder getrennt; sie hat jetzt einen Bill, einen Engländer und lebt sozusagen glücklich mit ihm. Du kannst sie sehn, wenn du willst.« Dann sprachen wir von was anderm. Plötzlich klingelte sie an der ebenerdigen, gittergeschmiedeten Tür eines neuathenischen Miethauses, dessen Sockel mit blendenden Marmorplatten furniert war. Ich merkte, sie wollte mich überraschen mit Goldchen, sprang aber hinter die Marmorverkleidung zurück und ließ sie allein vor der Türöffnung stehn. Im nächsten Moment hörte man auch schon das sächsische Griechengeschnatter. Ich griff aus meinem Versteck und packte das Handgelenk Goldchens, es fühlte sich genau noch so an. Sie schrie auf, trat vor, schrie noch einmal, dann meinen Namen, und aus den grünlichen Augen, wie man sie an den Tizianfarbigen kennt, perlten und sprangen die Tränen über die rundlichen Backen, jede schön einzeln für sich, zusammen aber sehr häufig, wie aus

einem lecken Zuber im Sommer. Ich kannte die Tränen genau, aber wer konnte wissen, daß sie nach diesen acht Jahren noch immer so sprangen? Ich hatte die Dauerhaftigkeit dieses Stoffs unterschätzt. Ich sagte zu Goldchen: »Goldchen, was sagst du, jetzt bin ich immer noch nicht verheiratet«, da antwortete sie: »Sissochsbeste, sissochsbeste!« und perlte neuerdings Tränen.
Marika ist eine der Frauen, welche die Zeitläufe mit weiblicher Urkraft zu überspielen vermögen; die Männeraffären, die Kriege, die Siege, die Hungersnöte, Verfolgungen und die Fortschritte sind da nur Störung am Rande. Schon bald nach dem Krieg, während ich längst noch in Gefangenschaft war, hatte sie einen Major der britischen Luftwaffe genötigt, einen Koffer, den ich im Jahr 43 in Athen zurücklassen mußte, mit im Flugzeug nach England zu nehmen, um ihn auf diesem Umweg wieder in meine Hände gelangen zu lassen; ich hatte es als eine ihr gemäße Maßnahme empfunden, daß sie den Gegner und Sieger zwang, das Gepäck des Besiegten nach Hause zu schaffen: den Stabsoffizier das Gepäck des schlichten Soldaten. Hatten während des Krieges Deutsche in ihrem Haus gewohnt, so beherbergte sie jetzt ein junges jüdisches Paar, zwei englische Damen und ein sehr zartes französisches Mädchen, das die Altertümer studierte. Die liebenswürdigen Juden hatten ihr Kindchen in Marikas Hause bekommen; es war nun acht Monate alt und die Mutter unendlich glücklich. Sie sprach so gut deutsch wie ich

auch, deutsch lesen und schreiben aber konnte sie nicht, denn sie war schon mit sieben Jahren aus Berlin weggekommen. Sie beneidete mich, wenn ich in den folgenden Wochen immer wieder auf meine kleinen Reisen auszog und sagte einmal: »So ein Kind ist doch ein Gefängnis.« »Sehen Sie...« erwiderte ich, da fügte sie eilends hinzu: »Aber ein süßes natürlich.«

Die englischen Damen wohnten droben im Rohbau in Luftziegeln, so daß sie vom Tisch aus die Akropolis hundertfach in verschiedenen Facetten ansehen konnten. Sie hatten sich die Fenster und Türen auf eigene Kosten gemacht und wohnten es ab. Denn die Vollendung des Neubaues schätzte Marika auf Jahre; immerhin hatte sie für ihre Zwecke Herrn Marshall um dreißig Millionen Drachmen geschwächt. Sie selbst hauste in der innersten Höhle dieses Genists, in der Tiefe des Dachsbaus, von wo aus sie herrschte. Es ist das Geheimnis des Matriarchats, daß es den Beherrschten viel Freiheit gewährt, so viel, daß sie die Regierung nicht merken, ja, daß sie ihnen wie eine Geborgenheit ist. Da weiß man nicht, was ist Spenden und Fordern. So hatte sie aus ihrem Häuschen eine Anhäufung von kleineren Wohnhöhlen gemacht, großer Schoß mit kleineren gemütlichen Schößchen, die alle selbständig waren und in denen jeder trieb, was er wollte; es war alles gestattet. Eigentlich war nur das Pfeifen verboten, weil dieses Marikas Ohren zerriß, und unbezahlt Strom abnehmen; denn sie verlangte starke Tribute.

Auch mir nannte sie eine ungeheure Summe für ein kleines Appartement, das eben frei war, eine Garçonnière, in deren winzigen Nebenräumen sich aller mögliche europäische Komfort im Austrag befand: eine Dusche, leicht zählbare Fäden, ein Gasbadeofen, abenteuerlich altes Modell, ein elektrischer Kocher: lauter hohe Namen in schlichter Gestalt, aber alles unbestreitbar vorhanden.

Eigentlich hatte ich gar nicht im Sinne gehabt, in Marikas Hause zu bleiben; ich wußte schon, daß sie für ihre Garçonnièren die Monatsmiete einer größeren mitteleuropäischen Kommerzienratswohnung verlangte. Aber nun war ich doch einmal da. Auf der Straße kündigte sich mit lautem Rufe Psarás, der Fischhändler an, dann Palatás, der Kartoffelmann, dann die Alte mit dem Gesang, daß sie schöne Radikia zum Salat habe, dann der Gemüsehändler mit Esel und Handwaage, dann der Greis, der Eier und Zitronen vertrieb, dann der Eismann, motorisiert, der nur »ho« rief, aber auf so besondere Weise, daß kein Zweifel bestand, der Eismann ist da, und, vor allen andern am Morgen, Galatás der Milchmann, taktvoll genug, nicht die Schläfer zu wecken; er stellte nur scharf die Kanne aufs Pflaster und sprach in die Morgenstille und den Halbschlaf der offenen Fenster hinein: »Galatás.« Es kam auch die Alte, die Essig aus einem kleinen Fäßchen verkauft. »Kalo xidi« schreit sie, »Xidi kalo«, wobei sie das ›xi‹ so grillt, daß man einen Schuß Essig verspürt. Jedermann kennt sie im Viertel. Ich hatte ihren Ruf zum ersten Male genau

vor zehn Jahren gehört: soll man auf die Wiederkunft solcher Vogelschreie nichts geben?
Zehn Jahre. Zehn Jahre, daß ich Marika auf den Stufen der Akropolis aufgetan hatte. Inzwischen waren so viele Freunde gestorben: Kaulbach in Rußland geblieben, Vrieslander, der Maler und leidenschaftliche Grieche in der Vorstadt aus dem Hinterhalte erschossen, Hinterleitner, der Dichter, an rapider multipler Sklerose erstickt. Gemeinsame Tote verketten.

Athen: am Fuß der Akropolis

Also mußte ich bleiben. An dem ebenerdigen Höhlchen, das einen roten Steinboden und schneeweiße Wände besaß, mußte mich reizen, daß es ein rohes kiefernes Tischchen enthielt, groß genug für die Schreibmaschine und das eine oder andere Blatt nebenbei. So ein Tischchen hatte ich auch damals gehabt, als ich, ziemlich genau vor zehn Jahren, in Athen, ein paar Straßenzüge entfernt, überhaupt zu schreiben begann. Wie damals war ich nun wieder von Hitze, vom Licht der gegenüberliegenden Wände und dem Gleißen des Himmels bestrahlt und bemüht, etwas von der Helligkeit draußen in meine Sätze zu bringen.

So war ich aus der Zeit ausgestiegen. Muß man schon in der Zeit sein, ist es gut, wenn man hie und da aussteigen kann.

EREMITICUM

Im Brief einer Leserin, der mir nach Griechenland nachgesandt wurde, fand sich der Satz: ›Man hat das Gefühl, daß Sie auf Reisen am besten aufgehoben sind.‹ Wie kam sie zu dieser Bemerkung? Ich bin wie alle Menschen auf Reisen leicht Melancholien ausgesetzt; ist man gut aufgehoben in Melancholien? Wenn sie, wie mein Freund Heinrich Gremmels meint, Boten Gottes sind, also Engel, wie Dürers Melancholie, dann vielleicht. Dann freilich müßte man sie wie die Engel empfangen.

Sicher, das Reisen ist eine Passion, in dem wunderbaren Doppelsinn dieses Worts, der im Wort Leidenschaft vollkommen nachgeformt ist: eine Passion, kein Vergnügen. So schön sind die Reisen niemals gewesen, wie sie in den Augenblicken des Heimkommens sind. Da reist man und reist man und wird sich eines Tages bewußt, daß man auf Reisen ununterbrochen Heimweh aussteht. Gibt man das zu, so ist man vielleicht auch zu dem Eingeständnis bereit, daß es überhaupt der verborgene Sinn allen Reisens ist, Heimweh zu haben. Wir begeben uns in die Fremde, weil wir dort unser Unbehaustsein am reinsten dargestellt finden.

So handelt es sich, nach langer Zeit, also wieder einmal darum, sich ein fremdes Zimmer zu eigen zu machen: dabei nimmt man, was Heimat und Fremde ist, deutlich wahr. Hier sind, nach südlicher Art, wenig Möbel im Raum. Nur nicht zuviel Eigentum; ich habe es ja immer gewußt, bloß nie so gehandelt. Es ist leichter, sich mit Wenigem als mit Vielem heimisch zu machen. Indem ich eine Landkarte von Griechenland an die Wand hänge, ist schon viel erreicht. Nicht als ob ich mich darauf orientierte, so genau ist sie nicht; aber man muß sich doch den Umriß des Landes, das man so lieb hat, gegenwärtig und eindringlich machen. Geliebte Gestalt.

Moskitonetz überm Kopfende des Bettes festmachen. Marika hat sechs Netze der verschiedensten Armeen zur Auswahl aus einer Kiste geholt und bemerkt: »Jeder läßt etwas hier, ich sammle alles, gebe dann wieder aus.« Sie ist eine Frau. Also bin ich diesmal im Fall des Beschenkten.

Nein, doch nicht; ich entdecke am Band eines Netzes mein eigenes Namensignet. Indem ich es an der

Wand festmache, dringt stürmisch, wie ein Schnellzug auf kleiner Station, Vergangenheit gegen mich an. Es ist stark, welche Kraft, Zeit zu verleugnen, die Dinge besitzen und wie leicht sie Gegenwart schaffen: viel leichter als wir, die wir reine Zeitbeute sind.

Diese Ameisen. Jetzt sind sie wieder so wichtig, wie sie damals in der Gefangenschaft waren. Ich muß einen Korb haben, ihn von der Decke her aufhängen und alles hineintun, was sie gern mögen: Brot, die Kondensmilch, den Jam und den Honig

Athen: Moschee in der Altstadt

vor allem. Hymettoshonig, wie die Dose sich rühmt: wenig glaublich, denn Konservenhonig gibt es in Menge und der Hymettos ist ja längst kahl. Das ist doch kretischer Honig, das erkenne ich doch am Duft, da kann man mir nichts erzählen, ich

habe ihn doch bei den kretischen Bauern in den mannshohen Tontöpfen gesehen und genugsam gegessen. Aber der Hymettoshonig ist nun einmal seit der Antike berühmt, und nach einem geheimen Gesetz scheint das Ende des Mythos die Reklame zu sein. Bis alles aufgehängt ist, sind es drei drahtgeflochtene Körbchen, die vor meiner Eingangstür unterm Steinbogen hängen wie ein Gebind Kuhglocken. Sieht ganz malerisch aus.
Ein Foto aufstellen. Dann ist doch jemand im Zimmer, mit dem man reden kann und der nicht stört. Sollte man eines Tages nicht wissen, welches Foto man aufstellen soll, so muß man nur trinken. Wenn man getrunken hat, weiß man das rechte, steht im Divan. In vino veritas, sagen die Römer; dabei ließe sich denken, daß man im Wein Verhohlenes ausplaudern wird. Doch das ist nur die banale Würfelseite des Divan-Gedankens, so wie es ganz allgemein das Kennzeichen großer Wahrheiten ist, daß sie eine Kraft zum Banalen besitzen. Das ist ihr aristokratischer Zug, das ist ihr Almosen, das sie den Flachköpfen in den Hut werfen; so bleibt das Geheimnis gewahrt. Die Sprache der Weisen hat nichts mit Verschlüsselung, der Sprache der Philosophen, zu tun; die geheimste Geheimsprache ist das offene Deutsch.
Was fehlt noch? Ein paar Blumen sollten wohl sein, doch das ist schwer hierzulande. Schnittblumen machen hier nicht viel Freude; sie sind schon ermüdet, wenn man sie kauft, zum Beispiel die Rosen; halten und duften auch nicht. Griechenland

Athener Taverne

ist kein Gartenland, sondern Wildnis; auch verstehn sie sich hier auf Gartenfleiß nicht. So hab ich am meisten von selbstgepflückten Blumen gehabt, den blühenden Myrten, die ich einmal aus unübersehbaren Macchiafluren vom Parnaß heimgebracht habe, oder blauem Lavendel oder blühenden Granatapfelzweigen, dem leuchtendsten Zimmerschmuck, den es gibt; wenn nur eine einzige Blüte im Zimmer ist, leuchtet alles.

Einmal in der Woche kommt die dicke Anna, um Wäsche zu waschen und den Schmutz durcheinander zu bringen. Sie bedient alle Mieter reihum, wofür sie jeweils den Tagessatz eines Ministerialrats quittiert. In den Unterhaltungen mit ihr, unvermeidlich, auch wenn ich schreiben will, lerne ich Griechisch. Wenn sie mir eine neue Wendung beigebracht hat, schiebt sie ein: »akoma saranda chiliades, schon wieder vierzigtausend«, das heißt den doppelten Tagessatz für Saubermachen und für Sprachunterricht. Sie verfügt über den Witz ihres Volks, welches dumme Menschen eigentlich überhaupt nicht besitzt; einen dummen Griechen habe ich nicht kennengelernt. Wenn es drunten am Gartentor schellt, denkt sie nicht daran, ihre Fülle hinabzubewegen; da es mich nervös macht und ich frage: »Willst du denn nicht aufmachen?« sagt sie: »Mbah, hat neun Monate lang im Mutterleib warten können, kann jetzt auch warten.« Ich muß zugeben, daß mir nunmehr das Klingeln des Gasmanns in neuem Lichte erscheint. Außerdem klärt sie mich über die Ehe auf, was ich durch eine unbesonnene Frage über die Schulter entfessele: »Anna, liebst du den Schuster?« Das ist nämlich ihr Mann. Sie ist keinen Augenblick überrascht, schaltet das Bügeleisen gleich ab und beginnt eine längere Rede; sie wäre die erste Griechin, die sich nicht in längeren Reden gefiele. Das Paradoxon der Ehe, erläutert sie mir, bestehe darin, daß der Vater beim Anblick der Kinder empfinde: »Aber das bin doch ganz und gar ich, mein Fleisch und mein Geist und mein Blut«, während die Mutter sich sage: »Unsinn, sie sind doch natürlich identisch mit mir; wenn irgendwer auf der Welt, muß ich das schließlich doch wissen.« So, durch diese höchst seltsame Verklammerung von den Kindern über den Vater und die Mutter bis wieder zu den Kindern herab, hielten die Ehen notgedrungen und einigermaßen

zusammen, auch wenn sonst längst nichts mehr wäre.
Marika hat mir den Krämer gezeigt, bei dem sie selbst einkauft; sie hat ihn mit harten Worten ermahnt, mich keinesfalls zu betrügen. Auch unbetrogen fordert er ja die vielfachen Weltmarktpreise für alles. So kaufe ich mir das Notwendige zusammen und komme meist gar nicht auf die Idee, im Gasthaus zu Mittag zu essen. Merkwürdig, wie leicht man das Maß der Bequemlichkeit wechselt und senkt, wenn man, wie jeder in diesem Jahrhundert, alle Stufen einmal durchprobiert hat. Auf einmal lebe ich wieder wie ein Student: ärmlich und glücklich. Mein Tag nimmt, ohne daß ich Entbehrung empfinde, die Form eines Eremiticums an, mit dem Unterschied freilich, daß genug Freundschaft da ist, mit der man sich abends beim Kühlerwerden verabreden kann.
Unter Tags aber halte ich mir gern alles Fremde vom Leib. Hat man erst einmal irgend jemand gesprochen, die Dinge mit den Augen eines Fremden gesehen und eines Anderen Tonfall im Ohr, ist es im Grund mit dem Schreiben vorbei. Dann passiert es mir leicht, daß sich die fremde Stimme zwischen meine Sätze und mich drängt. Dann ist die Tafel nicht mehr gelöscht und schwerlich stellt sich darauf etwas Unerwartetes ein. Glückt es mir aber, am Morgen ein paar Sätze zu schreiben, und sie scheinen mir in Ordnung zu sein, bin ich glücklich, auch wenn es, wie meist, nur etwas Bescheidenes ist.
Seinerzeit hatte ich ein Buch so ins Ungefähre ge-

schrieben, das peinigte mich. Da ich nicht schreibe, um davon zu leben oder um mir einen Namen zu machen, muß ich das Schreiben für eine Art Bußübung nehmen. Was übrigens nichts Besonderes ist: die ganze moderne Malerei, um nur sie als Beispiel zu nennen, ist offenbar Geißelung, ob sie es weiß oder nicht, und wird aus diesem Grunde vom Pöbel gehaßt. Gemalt, musiziert und geschrieben wird aus Gewissensangst; das sind Exerzitien; und das Öffentlichmachen, wenn es überhaupt einen Sinn haben soll, kann nur ein Geständniszwang sein.
So könnte ich mir ohne weiteres vorstellen, daß man ein und dasselbe Buch ein ganzes Leben lang umschriebe; man bereut ja doch jede Veröffentlichung wie eine Sünde. Vielleicht aber gäbe man auch alle zehn Jahre eine Fassung heraus, um eine Art Zwischenaufrechnung zu machen, und in der letzten, die ohnehin die kürzeste wäre, stünde kein Satz mehr von der ersten. Dann hätte man, im Immer-wieder-Zuschütten, wenigstens irgendwie, wenigstens einigermaßen die böse Frage des Namentlichen gelöst, auf die alles ankommt. Denn etwas muß doch daran sein, daß Kunst fast zu allen Zeiten, bei allen Völkern, *namenlos* war, all die Steinmetzen und Maler und Dombauer. Daß sie firmieren und sich vor ihre unsterblichen Werke stellen, das geschieht doch erst seit vierhundert Jahren, also seit gestern. Erst seitdem ist Ruhm. Ruhm, diese Schwindsucht der Seelen. Und Nachruhm, Unsterblichkeit: diese absurde, heidnisch-antike Idee. Erst seitdem ist der Künstler so oft

eine Leidensgestalt. Das ist ganz natürlich. Kunst ist Heilsuche; wird eine Sache der Persönlichkeit, des Genialen und der Selbstdarstellung daraus, so ändert das alles; von da ab muß alles falsch werden. Mit einer Menge hilfreicher Listen haben deshalb die guten Engel ihre Lieblinge vor dem Namentlichen zu bewahren gesucht. Da mußten sie arbeiten wie mit der Peitsche getrieben und schneller leben, als der Ruhm nachkommen konnte. Oder sie wurden mit Wahnsinn und solchen Melancholien geschlagen, daß die Rechnung ihrer Unglücklichkeit nicht zu begleichen war mit dem bißchen baren Glück ihres Ruhms. (Die Größten sind ohnehin von einer Eiseszone: dem ewigen Mißverständnis und Halbverständnis, geschützt. Sie verbergen sich unauffindbar hinter ihrem wirklichen Namen.) Dann wieder sind es ganz wunderliche Fluchtwege vor dem Namentlichen gewesen, wie bei dem, der seiner Zeit als Angestellter einer Prager Versicherung galt und auch nichts anderes sein wollte, jedenfalls kein Schriftsteller, und der, ganz ohne Selbstvernichtungsgebärde, verfügte, daß man all sein Geschriebenes verbrenne. Natürlich, das Schreiben war doch seine Art der Gewissenserforschung; da hört doch kein Anderer zu. Bei ihm, ja bei ihm tritt man ins Hoheitsgebiet der Namenlosigkeit ein.

Schließlich, es kommt doch nur darauf an, auf irgendeine Weise ins Reine zu kommen. Man versucht eben, sich ins Reine zu schreiben. Wenige Sätze genügen dafür. Das Schreiben hat nichts mit Leistung zu tun, nur mit Übung. Was mich anlangt, ist es die einzige Möglichkeit, die mir offensteht, um wenigstens dann und wann etwas glücklich zu sein.

STUFEN ZUR AKROPOLIS

Man kennt den feierlichen Treppenaufgang, den der moderne Besucher, archäologisch resteverehrend gestimmt, zur Burg von Athen hinaufsteigt. Die marmorne Treppe, die neuzeitlich ist, folgt einem Vorbild der späten Antike. Aber in Athens großen Tagen führte bloß ein schlichter Felsweg zu den Heiligtümern hinauf, in zwei Kehren.

Etwas seitab vom Treppenaufgang, in Höhe der unteren Stufen, kann man im gewachsenen Fels ein paar kleine Mulden bemerken. Es sind zehn oder zwölf an der Zahl. Dann verschwindet die Spur unter den marmornen Stufen der Treppe. Die Mulden sind von einander je einen Schritt weit entfernt. Die archäologische Forschung, die hier über jeden Stein nachgedacht hat, nimmt an, daß diese Fußstapfen der ältesten Zeit zugehören, also den Jahrhunderten vor den perikleischen Bauten, vor Propyläen, Erechtheion und Parthenon, aber auch vor des großen Peisistratos Bauten, die in den Perserkriegen verbrannten, ja vielleicht gar der vorhomerischen Zeit; der Burgfelsen ist ja von uralten und neueren Kulten durchpflügt.

So sind diese Mulden viel älter als alles, was auf der Burg jetzt noch steht. Sie sind nichts; weniger

als etwas sind sie: nur eine Abform, ein Hohles. Es sind Näpfe, in denen Zeit stehen blieb, Neigen verflossener Zeit wie Lachen nach Regen. Sie sind unwillkürlich erzeugt; nur die Zeit im Verein mit der täglichen Mühe hat sie gemacht. Aber gerade ihnen ward Dauer gewährt; ihr Vertieftes hielt länger als das Gebaute, ihre Duldung länger als der prächtige Stein, der mit so viel Eifer hinaufgebaut war und schon zu mehreren Malen zerfiel.
Es ist nichts mit der Leistung.

MARMORNE MÄDCHEN

Ein verrücktes Beginnen, Marmorbilder in die unentschlossene Helle von Museumsräumen zu bringen. Als das kleine Museum auf der Akropolis einmal umgebaut wurde, kamen die geputzten marmornen Mädchen mit den gedrehten Locken und den Schrägaugen endlich wieder in die Wahrheit des Lichts, das doch ihr Recht und ihr Eigentum war. Sie standen auf dem Burghügel draußen, wo sie einst standen: da waren sie von Millionen Lichtteilchen bepocht und besprüht und ins Herz ihres Marmors getroffen. Sie hatten heftige Schatten anstatt einer leidenschaftslosen Allgemeinhelle, wurden von starkem Wind angeweht, vom Silber der Himmelskuppel überwölbt und von den Konturen der Gebirge verehrt, und da war es auf einmal, als ob sie zu all ihren Sinnen einen neuen empfingen, zum Beispiel, als seien sie vorher stumm gewesen und nun auf einmal beredt, oder vorher blind und nun sehend, und ihr bisheriges Dasein schien nichts als eine trübe Sorge gewesen zu sein.

IM MUSEUM

Aug in Aug ist dann doch alles anders. Ich wäre zum Beispiel nie darauf gekommen, daß das Siegerbild eines Knaben, das man dem Kritios zuschreibt, einer der blütenhaftesten Marmore der gesamten Antike, im Original dieses gewisse Untermaß hat. Es hat Lebensgröße, um so viel kleiner gemacht, daß man gerade noch die Einbildung des Wirklichen hat. (Im Museum kam noch die geschickte Aufstellung dazu, die den Torso niedrig in Kniehöhe setzte.) Die Lebensgröße ist also um ein Etwas, um ein Viertel oder ein Drittel vermindert und das bedeutet natürlich: zärtlich gemacht. Koseform eines Bilds.

Das sind Einfälle, auf die nur die Liebe gerät. Wie man denn ganz mit Blindheit geschlagen sein müßte, wenn man nicht merkte: das Werk ist von der Hand eines Verliebten gemacht. Indessen, da ist ebenso unüberhörbar eine Regung der Scheu und des zögernd eingestandenen Verzichts. Es ist, als habe der Bildhauer sich vor der schrecklichen Doppelaufgabe befunden, die Umrisse zu verraten und zugleich, sie vollkommen unantastbar zu machen. Er hat zusammen mit der Kontur einen tödlichen Bannkreis um sie gemacht.

Denn die antike Liebe, über die wir uns ein so unnötiges Schweigen auferlegt haben, redet überraschend viel vom Verzicht. Nachdem ihr die Zunge gelöst ist, und das hat die große Sappho und die archaische Bildkunst getan, bricht ein ganz unerwarteter Unterstrom der Klage hervor. Es herrscht die schmerzliche Lust der Karenz. Da ist viel mehr von Enthaltung als von Erfüllung die Rede, in den großen Beispielen eigentlich nie vom Genuß. Das sieht man leicht, wenn man auf der Akropolis den Thesus, den Kritiosknaben und die anderen Jünglingsfiguren mit den Kling-Klang-Gloria-Mädchen vergleicht, die doch eine einzige Aufforderung sind. Wer nicht empfindet, daß diese Jünglinge, deren Liebesbilder überall aufgestellt sind, mehr von Leidenschaft als von Besitz zeugen, weiß nicht, wovon sie reden. Wer dasselbe beim Pindar nicht hört, muß ihn nur gleich aus der Hand legen. Nicht erst Platon, schon die archaischen Bildnisse weisen es aus, daß diese Liebe den verzichtenden Unterton hat.

Man verstehe es recht: so ein Verzicht hat nichts mit dem Sittengesetz und nichts mit der überschätzten Keuschheit zu tun, er ist eher eine *Folge* der Liebeserfahrung. Da wird schmerzlich klar, daß der Feuerschlag der Liebe immer nur im Augenblick ist, da gibt es keinen Besitz. Wie aus dieser Liebe nichts folgt, wie ihr jede Möglichkeit fehlt, die Feuerflocke vom Himmel zum Herdfeuer zu machen: wie sie also nichts zeitigt, so ist sie ganz und gar *gegen* die Zeit.

Die Entdeckung, daß die Liebe Zeit zu schmelzen vermag, gehört der Antike. Die Sappho war es; sie, eine große Verzichtende, hat es entdeckt, daß Liebe ein Ausstieg aus Zeit ist. Sie hat sich als erste den Wetterschlägen gestellt. Freilich, unter solchen Blitzen schmilzt alles.

Das Alte Testament scheint Ähnliches gar nicht zu kennen. Es spricht mehr von Zeugung; dort ist Liebe geschlechtlicher Art. Es schwelgt ja geradezu in dem Worte Geschlecht, welches in seinem Sprachgebrauch eine Waagrechte und eine Senkrechte hat: das andere Geschlecht und dann Ursprung und Nachkommenschaft. Hier herrscht die Geschlechtsliebe. Hier wird frei zugestanden, daß die Liebe zum Kind sexuell, daß sie Geschlechtsliebe ist. Der freilich ist Dauer beschieden; sie muß ja auf Zeit, auf immer wiederholte Lebenszeit drängen. Im Alten Testament ist die Zeugung das Wesentliche der Liebe. Das Erlebnis der daseinsfrohen Antike ist, sehr paradox, eine Liebe, die Zeugung verschmäht.

Erst die Sehnsucht der christlichen Epoche ist es gewesen, die Liebe, die Zeit löscht *und* die, welche neue Lebenszeit zeugt — die Liebe, die außer sich ist *und* die Wurzeln treibt in die Welt — die Liebe, die irdische Leidenschaft ist *und*, was Beatrix und Margarete geleistet haben für alle, *und* die den Himmel aufzuschließen vermag — all das zusammenzuschmelzen in einem glühenden Guß. Eine theologische Kühnheit, die unser Leben verändert hat. Ein Hauptanliegen, das zu denken und dichten erst nach einem Jahrtausend gelang. Gelang – zu einem höchst seltsamen Preis: daß nämlich die berühmtesten Liebespaare, die großen Leitsterne, nun doch wieder Entsagende waren, Heloise und Abailard, Dante und Beatrice, Hatem und Suleika, Hölderlin und Diotima. Dante verhält sich zu Beatrice doch so, wie Sokrates im Gastmahl zu Alkibades war. Es ist wie eine dunkle Erinnerungsfracht, die in der Tiefe des Schiffsleibs mitgeführt werden muß.

So sind wir getaufte Hellenen. Dort, damals war eine Tür aufgetan, die sich nie wieder schloß. Dort wird der Weg frei zu der zärtlichen Feuerglut, in der Johannes zum Herrn glüht: Johannes, der Jünger, den der Herr liebhatte. Johannes, der beim Mahl an der Brust des Herrn lag: nicht so, wie es die unvergleichlichen Lindenholzbilder vom Bodensee, innerlich wahr, äußerlich irrend, darstellen: denn Johannes lag neben dem Herrn zu Tisch, wie im Gastmahl des Platon; es ist gut, das im richtigen Bilde zu sehn, denn auch die Liebe angehend darf Platon, wie es in einigen Kirchen im Epirus ist, mitten unter den Propheten erscheinen. Johannes, dessen Liebe von einer solchen Schamhaftigkeit ist, daß er in solchem Zusammenhang niemals *ich* sagt: da wagt er nicht einmal, sich beim eigenen Namen zu nennen, da ist er nichts als Person, nichts als ein Durchlaß, nichts als eine Beute der Liebe.

Man muß es den Archäologen schon glauben: man würde erschrecken, wenn man auf die Akropolis käme und sie wäre so, wie sie war: ein Gewimmel von Opferbildern und Siegerbildern, keineswegs alles schön, viel Volksfrommes dabei, dann wieder Gesetzestafeln und steinerne Akten, dann eine Menge eitler, persönlicher Sachen, jeder weiht, jeder stiftet, jeder will auch dabeisein, und dazu alles bunt, bunte Götter, bemalte Heroen, Marmor in Farben, mit goldenen Armringen, Halsbändern, Gürteln, Szeptern, Lanzen und Kränzen. Das Befremden wäre wohl groß.

Wieder anders würde man sich entsetzen, wenn man sähe, wie es ein paar Jahrhunderte später war: als man aus dem Parthenon einen Mariendom machte. Und doch, die Werte, die Werte blieben damals gewahrt. Das Heilige, mindestens, war am Orte verblieben. Wo sich einst das Goldelfenbeinbildnis der Jungfrau Athene befand, war jetzt ein musivisches Bildnis der Jungfrau Gottesgebärerin, als Kunstwerk vielleicht nicht geringer. Der Bischofstuhl war ein marmorner Priestersessel aus dem Theater, und da man die Giebel mit den alten Göttern und Helden und die altathenische Prozession beließ, nehmen wir an, aus Großmut, vielleicht war es aber auch mehr, so war eigentlich alles in Ordnung —: soweit Nachleben, dieser Zustand, in welchem das Mißverstehen die einzige Möglichkeit des Verständnisses ist, überhaupt in Ordnung

sein kann. Oder will jemand behaupten, daß das in der Ordnung sei: Forschung, Besichtigung Archäologie?
Noch war damals um das Gotteshaus ein lebensvolles Gewimmel, Priesterwohnungen, Bischofsitz, Wachhäuser, Kasernen und was so zu einer Festung gehört, sicher ähnlich, wie man es auf den alten Stichen aus der Türkenzeit wahrnehmen kann. Bis eben die Archäologie kam und das Purifizieren begann. Damals erst, nicht durch den Pulverknall des lüneburgischen Leutnants, ist die Burg von Athen zur reinen Ruine geworden.
Ruiniert also: man hört es nicht gerne. Denn gibt es etwas Lügenhafteres als die Ruine? Das Ruinenhafte läßt eine falsche Vertraulichkeit zu. Wenn das Eigentliche auftritt, verbreitet es Schrecken; niemals ist es ohne den Schrecken erschienen. Dann wird das Ereignis schön langsam vom Geschichtsbild verzehrt, das Ärgernis wird dispensiert. Da wird über die Erscheinung ein zementener Mantel gespeichelt, es ist ein insektenhaftes Bemühn. Das Neue — es könnte ja die Kühnheit besitzen, sich noch einmal zu rühren! — wird sichergestellt. Der Eindringling muß zahm, der Wildling muß umgänglich werden. Erst als Mumie wird er gemütlich, erst als Museumstück läßt es sich duzen. So schaffen wir alle und unaufhörlich an Stelle des Flammenden Götzen. Mit solchen zu leben, ist von jeher der Menschheit heißes Wünschen gewesen, weil es davon entbindet, im widrigen Angesicht der Erscheinungen leben zu müssen.

Das ist der Sinn der Ruine. Galerien, Museen, Konzertsäle, Theater und Seelen sind mit Ruinen bis zum Rande gefüllt. Die Ruine: da ist man im Stand des Besitzes. Die Ruine: da ist man gerührt.

SÄULENHEILIGER AUF DEM ZEUSTEMPEL IN ATHEN

Auf einem Stich dieser Tempelruine bemerkt man oben auf einer Säule den Mauerrest eines winzigen Hüttchens. Die Beischrift erklärt, es habe dort einst ein Säulenheiliger seine Wohnstatt gehabt.

Der Raum, den die Plattform des Architraven ihm bot, kann kaum ausgereicht haben, um ihm eine Liegstatt zu bieten. Er konnte nur sitzen und hokken. Aber wer weiß, ob er sich auch nur das Sitzen erlaubte; die Buße bestand ja im Stehen, tagaus und tagein, das ganze Jahr, das ganze Leben hindurch, wenn ers streng mit sich nahm. Dann schlief er auch stehend, auf einen Stecken gestützt; die Wände des Hüttchens bewahrten ihn vor dem Herabfallen. Glühhitze war zu ertragen und die kalte Feuchte der Winter. Drunten kamen und gingen die Menschen auf den Wegen zur Stadt. Er aber verneinte das Leben, hier in Athen, wo es einst so leidenschaftlich bejaht worden war. Wo freilich auch, im Theater drüben, der Angstschrei erscholl: daß nicht geboren zu sein das Allerglückhafteste sei. Ein höherer Wille machte ein kleines Münzbild aus ihm, wie es die Zeit gern prägt und am Wegrand verliert als Post für spätere Finder. Er war nur das Petschaft, womit einer prägte: das Bild eines Christen auf dem antikischen Schaft. Dies auszudrücken war, wofür er mit seinem Leben bezahlte.

Wenn er da oben so stand, war er beinah wie ein Licht auf dem Kerzenstamm der goldgelb bienenwächsernen Säule. Er nahm das Antike als ein Podest für seine mönchische Übung. Kam des Wegs, sah die Tempelsäule, wunderte sich, daß der gewaltige Stamm so lang dastand und keiner hatte erkannt, daß ihm der Flammenkern fehle. Da nahm er sein Leben wie einen Docht und steckte dem blinden Kerzenstocke ein Licht auf. Nun erst, schien ihm, war das Tote zum Leben erweckt, und er bewahrte das Flämmchen, bis das Öl seines Daseins verbraucht war.

KLEINE METROPOLISKIRCHE

In der Athener Altstadt stehen drei kleine byzantinische Kirchen. Die älteste ist elf Jahrhunderte alt. Tagsüber ist das Gewühl in den Gassen so groß, daß man sie überhaupt gar nicht richtig anschauen kann. Die Kapnikaréa, die schönste von allen, steht geradezu in der Mitte des tollsten Bazars, von den viel höheren Häusern erschreckt; die kleine Metropoliskirche im Schatten der großen, denn man hat dicht neben das Original einen Neubau im großen Maßstab gesetzt.

Das Urkirchlein steht, wie seine zwei Schwestern, unterm Straßenniveau, weil sich der Schutt des Hausens nach und nach aufgehäuft hat; aber man hat um sie herum einen Graben gelegt, so daß es jetzt aussieht, als seien die überkuppelten Würfel als Meteore vom Himmel gefallen und hätten sich im Aufprall eine Grube gemacht. Dazu ihre Farbe: sie sehn wie im Feuer gebrannt, wie ausgeglüht aus, ganz terrakotten, wie sie denn überhaupt etwas Gebackenes haben. Etwas Kauerndes, etwas Geducktes, wie die Glucke, wenn der Raubvogel kreist.
So steigt man in die tausendjährigen Gotteshöhlen ein paar Stufen hinab. Es herrscht Dämmerung, um das Licht der Botschaft heller zu machen. Ein Raum von stubenhafter Kleinheit umfängt. Durch Säulen und Boden ist das Ganze unübersichtlich verstellt; so ist man an vielen Plätzen allein. Silberbeschlagene Ikone wiederholen das Licht.
In einer bestimmten Weise fühlte ich mich an eine kleine altrömische Kirche erinnert, die ich sehr liebe: an Santa Maria in Cosmedin, die sich unweit des Tibers an den Aventinischen Hügel anschmiegt. Zwar die Grundrisse sind ganz verschieden, doch das Stubenhafte stimmt überein. Das ist frühchristliche Sanftmut, die voll sprengender Übermacht ist. Das Gleichnis vom Senfkorn ist hier gebaut. Das Paradoxe von Knospenanmut und zellenstarker Gewalt ist baulich geworden. Das ist die Demut, die alles bezwang. Das ist des Lammes Architektur. Das ist gebaute Geduld.

Ich besann mich, daß ich in jenem römischen Gotteshaus die Einbildung hatte, als ob diese Kirche überhaupt nur aus der Weihrauchkruste bestehe, die sich in jahrhundertelanger Gottesdienstübung abgesetzt hat. Die ausgemuldeten Mosaikböden, die verräucherten Wände, auf die ein Strahl Sonnenlicht fiel, die Tempelsäulen mit dem abgetasteten, glasigen Glanz: das war alles von einem Überzuge bedeckt, der nun wichtiger war als der Stein. Kerzendunst, niedergeschlagene Schwaden, abgesinterte Liturgien, getaute Andacht, aus den Mauern geschwitzte Gebete: das war alles Materie geworden.

Genauer gesagt: diese frühchristlichen Kirchen wußten es noch, daß sie eigentlich nicht hätten sein sollen. Ihr Silber, ihr Gold und ihr Weihrauch glühten vor Scham, daß Glaube überhaupt Ausdruck gewann. Sie wußten es noch: eigentlich hätte dem Gott, dem sie dienten, nicht gebaut werden dürfen. Schon das Gebaute war Abfall: wohnt Gott irgendwo? Zu Jerusalem jene Pfingststube – ein Wohnhaus, ein Kaufhaus, wer weiß es, wer braucht es zu wissen, da es ein gleichgültiges Irgendwo ist: das war, für den Augenblick, Gottes Haus. Und so mußte es sein; alles andere war Verortung, wollte Gott an eine Stelle gewöhnen, machte heilige Plätze. Hellenisch, heidnisch und mythisch, keineswegs christlich war das.

So tritt hinter uns Schwache, die nicht durchdringen können, immer der mythische Gott und fängt uns im Sternenmantel sacht auf.

Frau Kotopuli leitete in Athen ein Privattheater. Ihre Truppe spielte im Rex-Palast, einem Vergnügungskomplex aus Beton und Glas an der Universitätsstraße. Man spielte: ›Chanella kommt ins Paradies‹: Hanneles Himmelfahrt.

Armes Hannele – hierher hast du dich gefunden? aus dem Riesengebirge hierher unter Hymettos und Pentelikon? aus dem Nebelgewölk unters seidene Blau? Du wirst staunen: die Götterburg, in den Himmel gebaut! die Säulen! das Meer und das Licht! Wunderwege, die du da gehst, Hannele. Hast du auch bedacht, daß du dorthin gerietest, wo deine größten Schwestern, Elektra und Antigone sind? Hast du dir nicht Gedanken gemacht, wie sie dich aufnehmen werden, die Königstöchter, die stolzen, dich, eines Maurers Kind?

Sei nur ruhig. Die gesagt hat, mitzulieben, nicht mitzuhassen sei sie geboren, sie wird dich als Schwester erkennen.

Das Theater war im obersten Stock. Man fuhr mit dem Lift. Die Eleganz hatte sich so weit droben besser als drunten gehalten; man konnte vergessen, daß die Straßen voll Elends und Hungernder waren. Das Parkett hatte rote Polster. Funkelnde Lüster, ein Samtvorhang.

Er ging auf und wahrhaftig, da war die schlesische Armenhausstube. Schneeverwehte Fenster, und der Sturm heulte durch die Dezembernacht. »Ach bleib mit deiner Gnade« sang die Alte, und richtig, da

waren all die zweifelhaften Gestalten, die das Armenhaus füllen: die junge Diebin, der alte Kretin, der Tunichtgut und der Herumtreiber. Sie machten ihre traurigen Späße und stritten sich miteinander herum. Die griechischen Schauspieler taten das ihre. Die Hete, die Hexe des Armenhauses, mit Ponyfrisur, fuhr gehörig auf der Bühne herum.
Da saß nun die Athener Gesellschaft auf Polstern. Es war nicht wahrscheinlich, daß jemand wußte, wo das Riesengebirg in Wirklichkeit liegt. Wenn der Waldarbeiter, der das Hannele aus dem Teich geholt hat, die Schnapsflasche zieht, um dem Kind einen Grog zu machen und dazu sagt: »Hier is nuch a Neegel« und der alte Peschke auch etwas beisteuern will mit den Worten: »Hier habch nuch a klee Brickel... Brickel ... a klee Brickel Zucker hab ich nuch... hie nuch ja... gefunden« — so war das auf Neugriechisch natürlich keinesfalls wiederzugeben. Ich fragte mich: was kann das euch angehn? Euch kann das doch gar nicht duften und schmecken. Wenn die Verse kommen:

Tragt sie, der Wiesen saftige Halme streifend,
durch linden Mondenschimmer liebreich hin —

und der Tau von Bergwiesen einem ins Herz der Erinnerung fällt, wenn das todfiebernde Kind von der Mutter Schlüsselblumen zu empfangen glaubt und selig ausruft: »Himmelschlüssel — kennst du das nicht?« — so konnte man das ja hier wirklich nicht kennen. Und wenn der Fremde, halb Lehrer Gottwalds, halb des Heilands Gestalt, den Segen

über die kleine Himmelsbraut spricht: »So beschenk ich deine Augen mit ewigem Licht! So beschenk ich dein Ohr zu hören allen Jubel aller Millionen Engel in den Millionen aller Himmel Gottes!« — so klang es hier wie Kirchengesang.
Also recht fremd kam alles heraus. Nie aber hatte ich die Grausamkeit, die in diesem zarten Werke auch wohnt, so empfunden. Niemand hilft Hannele. Die um das Bett herumstehen, helfen sie ihm? Der Amtsvorsteher ist gleich wieder draußen zur Tür. Der Arzt ist auch bald wieder fort. Und Gottwald, der sanfte? Er kommt des Wegs, als man das Kind aus dem nächtlichen Eis holt, er nimmt es auf seine Arme und trägt es ins Lehrerhaus. Seine Frau gibt ihm trockene Kleider. Aber dann muß es ja doch hinüber ins Armenhaus und in seiner Sterbestunde ist Leierkastengedudel.
Niemand hilft Hannele. Nur die Träume. Nicht der Lehrer, nur das Traumbild von ihm. Der wirliche sitzt beim Abendschoppen im »Schwert«. Nur die tote Mutter hilft ihr, die ihr im Fieber erscheint. Nur die Engel bauen ihr eine Brücke über den dunklen Grund.
Die Besucher dieses Athener Theaters waren, wie die Theaterbesucher der Welt eben sind. Wie sie hinunterkamen auf die nächtlichen Straßen der Stadt, so gaben sie dem nächsten Hannele, das am Bürgersteig kauerte und weinte und vielleicht schrie, vor Hunger schrie in den kalten strömenden Regen der Nacht, ein paar Drachmenscheine. Aber halfen sie ihm?

Wo ist das Herz, das Mitleid zu fassen, ohne daß es zerspränge? Wer kann sagen, ob es irgend etwas auf der Welt gibt, ein Gedicht oder eine glänzende Tat, einen Sieg, der es wettmacht, daß man ein Kind an der Straßenecke unter Tränen stehen hat lassen?

NAPOLÉON

Ich stand vor einer verwohnten Villa in einem alten Viertel Athens. Das eiserne Hoftor war ohne Schelle, ich klopfte. Ein Spalt ließ mich in den ummauerten Hausgarten sehen; er war ziemlich verwahrlost. Ungefähr zwanzig Katzen trieben ihr Wesen. Alte Möbel standen im Freien, die Polster zerrissen, das Roßhaar hing in Strähnen heraus. Palmen kümmerten, Topfpflanzen welkten dahin. Dennoch, wie es im Süden ist, lag eine Anmut über dem Ganzen, die Anmut einer Goldonischen Theaterkulisse. Das angrenzende Nebenhaus war rosa und hatte im ersten Stock eine Galerie, von der Teppiche hingen. Der Himmel silberblaute darüber.
Ein Mensch im Schlafrock öffnete mir. Der Rock war bloß noch ein Fetzen. Ich brachte eine Empfehlung, wir stellten uns vor. Er war, wenngleich unrasiert, von vollendeten Formen. Sein Französisch war ohne Balkan-Akzent, seine Höflichkeit zeichnete aus. In seinem völlig bleichen Gesicht waren die Lippen blutigrot, weich und gequollen. Es war der alternde Sohn eines griechischen

Generals. Er hieß Napoléon mit Vornamen. Er führte mich in den Hof und ins Haus. Überall herrschte beispielloser Verfall; die Katzen und die Vergangenheiten regierten. In einem der ebenerdigen Räume war seine Bibliothek. Die Bücher, eine beträchtliche Menge, waren sämtlich broschiert. Bei sonst verwahrlostem Raum hielt er pedantisch darauf, daß das Alphabet der Aufstellung stimmte und die Bücherrücken eine Gerade ausmachten; das war das Erbteil des Generals. Er suchte mir mehrere Bände hervor, die mich freuen konnten, französische Übersetzungen Rilkes, Georges und Hofmannsthals. Er seinerseits trieb einen Kultus mit Wilde. Dessen Bildnisse hingen mehrfach umher.

Auf dem Tisch lag der Staub. Das Tintenfaß, ein Messinglöwe, war trocken, Gänsefedern starrten vor Schmutz. Es war das verkörperte Gestern, eine ausgesogene Welt. Doch schien er es nicht so zu empfinden. Er las mir Aphorismen vor, die er verfaßt hatte und die mir unsagbar abgestanden vorkamen, kalte Funken, Flockenlesen einer sterbenden Zeit, die einen hohen Wert im Genusse erblickte. Aber wenn das Genießen abgelebt ist, zeigt es nur noch ein Aschengesicht. Da entstand auf der Treppe Gepolter.

Napoléon eilte hinzu. Ein Greis kroch am Geländer von Stufe zu Stufe herab; er trug blaue uniformähnliche Stücke. Sein Körper war verkrümmt und verknorrt, kuglige Augen traten aus dem leichenhaften Antlitz heraus. Er keuchte. Nach überwundener Treppe sank er auf eine Bank. Mit

pfeifendem Atem beklagte er sich, daß man ihn vernachlässigte. Es war Papa General.
Der Sohn beruhigte den Vater; er sah nun stumpf vor sich hin. Wir unterhielten uns weiter.
»Und doch, monsieur,« fuhr er fort, »es ist ein herrliches Volk, ich bin stolz, ihm angehören zu dürfen. Völker beweisen sich erst, wenn sie verlieren; das Verlierenkönnen ist die Summe von allem. Mein Volk hat seit zweitausend Jahren verloren, immer verloren: erst sein Genie, dann seine Freiheit; dann aber war immer noch, Jahrhunderte lang, die Stadt da, unsere Mutter, Byzantion, das goldene, heilige Haupt. Dann verlor es auch das; die Kreuzritter, schon die Kreuzritter, mein Herr, nicht erst die Türken haben das meiste zerstört. Heiliges Hellas! sagte die Welt und bestahl es; man grub aus und schleppte fort, was nur ging. Nun besitzt mein Volk nur noch seine Sprache, seinen Glauben und seine glühende Liebe zum Land. Aber das Land ist geschrumpft. Es ist eingelaufen wie ein Stück nasses Leder am Ofen.«
»Ach, mein Herr!« rief er und breitete klagend die Arme, »was haben uns die letzten Jahre gelehrt! Wir halten uns nur noch auf einem Wrack, aber es klammern sich viel zu Viele daran. Im Jahr 22 begann es; das hat das Gesicht meines Vaterlandes verändert. Vordem war Athen eine Stadt, jetzt ist es ein Flüchtlingslager geworden. Auch er war damals dabei« – er dämpfte die Stimme und deutete auf den Vater, der keine Notiz nahm von unserem Gespräch – »er ist auch mit nach Kleinasien ge-

zogen. Ein Großgriechenland wollten sie gründen, man träumte sogar von Byzanz. Gewiß ein fabelhafter Gedanke, das alte goldene Byzanz wiederum Griechenlands Haupt. Es hätte das Antlitz Europas verändert. Aber lieber Gott, waren wir größenwahnsinnig? Das ging so ins Abenteuer hinein, das Volk kam gar nicht zu sich. Wie wir dann mitten in Anatolien waren, war es auf einmal vorbei mit dem Rausch. Da kehrte die Flutwelle um, lief zurück und schlug mitten ins Herz unseres Landes hinein. Die britischen Kreuzer lagen auf Reede, die Matrosen an die Reling gedrängt, als man meine Landsleute ausbrannte und zu Tausenden und Abertausenden ins Meer hineintrieb aus dem brennenden Smyrna, mit allen Greueln, die Sie sich denken und nicht denken können. Austrieb aus den herrlichen Küstengebieten, wo sie seit dreitausend Jahren seßhaft waren, seit dem Trojanischen Krieg. Das war so ein Grausamkeitsfest, wie man es neuerdings liebt, um sich dafür zu entschädigen, daß man eine Zeit lang Sitte gespielt hat. Flüchtlinge! Flüchtlinge! Wissen Sie, was das bedeutet? Ach, Sie wissen es nicht« sagte er, denn es war 1942, »Gott soll es Ihnen und Ihrem Lande ersparen. Sie können nicht ahnen, daß sich dies Mitleidswort über Nacht in ein Schimpfwort verwandelt. Ein Flüchtling. Das müßten Sie hören, wie man das sagt. Aber hat es die sogenannte gesittete Welt überhaupt recht zur Kenntnis genommen? Als ob das etwas sein könnte, was nur Hellas betrifft, wenn man Völker im ganzen austreibt und

den Boden aufgibt, der den Homeros, den Herodotos, den Paulos erzeugte!«
Wir trennten uns. Als ich ihn nach zwei Wochen wieder besuchte, rief mir von der Galerie des Nebenhauses jemand herab, der Alte sei vor zwei Tagen gestorben. Ich pochte, um Napoléon mein Beileid zu sagen. Er weinte, wie sonst nur ein Knabe weint; der blutrote Mund strömte Klagen. Er rief viele Male: nun sei er allein, allein, allein auf der Welt und zeigte mir gelbliche Fotografien, worauf seine Mutter zu sehen war, eine schöne Frau im Kostüm einer unglaublich vergangenen Zeit, in Ägypten, unter den Pyramiden.

DER DRITTE AKT

Nach dem Krieg, als mir Fräulein v. V. die Geschichte ihrer Flucht vor den Russen erzählte, fiel mir Napoléon ein. Die Weltgeschichte scheint manchmal auf Ordnung zu halten. So eröffnete sie das Zeitalter, das man vielleicht einmal das Flüchtlingszeitalter nennen wird, ganz pedantisch mit der Austreibung der allerfrühesten Siedler, diesem Urbestand, den das Abendland aus den Tagen seines Erwachens besaß. Damit jeder sehen könne, daß dies nur ein erster Akt sei; die anderen folgten. Fräulein v. V. also erzählte: »Wir wußten, daß die Russen nur noch fünfunddreißig Kilometer weit waren. Fünfunddreißig Kilometer, was ist das, sie konnten jede Stunde eintreffen. Wir beschlossen,

am nächsten Morgen zu fahren. Wir aßen am Abend mit Kerzen, an den Kaminen die Hunde, die Diener wie immer. Alles, ohne daß wir uns verabredet hatten; es war alles ganz einfach, unzweifelhaft klar. Am frühesten Morgen Abreise, aber um sechs Uhr noch Feuer in den Kaminen wie immer. Und nun die Erfahrung, daß man in einer solchen Stunde den Wunsch hat, alles im Hause in Ordnung zu halten; man stellt eine Vase zurecht, man ordnet auf dem Schreibtisch die Sachen, man rückt einen Sessel. Wir hätten doch Briefe, wir hätten mindestens Andenken mitnehmen können. Tausendmal habe ich mich gefragt, später, als uns das Nötigste fehlte, warum wir nichts eingepackt haben. Es war nicht dran zu denken. Nie, nie war unser Haus so schön, so erfüllt. Es war der Moment, wo es sein eigener Inbegriff war. Jede Wegnahme hätte das Ganze geschwächt, jeder Eingriff hätte sein Ende, für das es alle Kraft brauchte, erschwert. Ich habe nicht einmal gewagt, die Tagebücher meines gefallenen Bruders zu öffnen; tausendmal habe ich mich gequält, was es war, das mir das Öffnen verbot. Es war eben alles unantastbar geworden.
In der letzten Stunde legten wir die Platten der Unvollendeten auf und hörten sie an bis zum Schluß. Wir waren weit von Tränen entfernt. Dann fuhren wir ab. Mein Bruder, der an eine Frontstelle mußte, blieb noch eine Stunde im Hause zurück. Er stand in der weißen Lammfelljacke unter der Tür, während wir die Straße hinab-

fuhren: es war so, daß man an den Biegungen durch den Wald das Haus viermal sah. Jedesmal war seine Gestalt kleiner und noch einmal kleiner geworden.
In den folgenden Tagen kamen wir auf der Flucht da- und dorthin. Dieselben Häuser, dieselben Güter. Es war unbegreiflich, dort alles in Ordnung zu sehen, während bei uns vielleicht schon... die Raben, herausgerissenes Parkett, Ziegen und Schweine in unseren Zimmern – wir hörten es später, daß es wirklich so war. Aber obwohl hier dieselben Abreisen dicht bevorstanden, wurden nie Worte darüber gewechselt; wir wurden nie, nie nach unserer Erfahrung gefragt.«

SCHWARZE BETTLERIN

Ob es eigentlich immer dieselbe Bettlerin war, die in der Villenstraße hinterm Schloß an dem Eck stand? Oder hatte sie sich verhundertfacht und ging in vielen Kopien umher von der Innenstadt bis in den Piräus hinab? Sie kauerte immer am selben Platz, schon seit Wochen. Sie hatte es sich auf dem Bürgersteig beinah wie häuslich gemacht. Über den kalten Asphalt war ein Fetzen gebreitet; am Gitter hing mittags, wenn die Sonne durchdrang, das schwarze Umschlagetuch und die leere Konservenbüchse mit einem Henkel aus Draht, für den unwahrscheinlichen Fall, daß doch eine Suppe anfiele. Der schwarze Stoff ihres Kleides flatterte dünn, das Kopftuch verlänglichte das ohnehin schmale, gelbe, schräggehaltene Gesicht. Unter den Augen bräunliche Gruben. Das Umschlagetuch schloß gewöhnlich den Knaben mit ein, den sie im Arm hielt und der von der Welt wohl nichts kannte als diese Straßenecke am Zaun. Den anderen Arm hatte sie frei. Er war dünn wie ein Stecken und gelb, und er war dazu da, um den Vorübergehenden das Vorübergehen schwerer zu machen; eine Art Haltesignal. Er schlug an die Stirn, wies auf das Kind und beschrieb vor dem Leib immer wieder die quere, sägende Geste, um den schneidenden Hunger anschaulich zu machen. Er gellte lauter, der Arm, als die immergleiche Bitte um nichts als um Brot.

So waren sie alle. Es war mehr Leiden in so einer Gestalt, als *ein* Leben, *eine* Erfahrung und *eine* Not zum Bild machen kann; ein Jahrtausend Leiden hatte es zu diesem Ausdruck gebracht. Diese Frau war nur die geschlagene Münze der Not. Aber wer wußte, in wieviel Exemplaren sie sich im Umlauf befand?

EINE ARKADISCHE STRASSE

Kaulbach führte ein Feldstühlchen mit sich, um sich beim Skizzieren Zeit lassen zu können. So setzte er sich in Kokkinia, einem Athener Flüchtlingsquartier, auf eine Straße, um das Elend aus Kistenbrettern, Teerpappe und Blech auf eines seiner Blättchen zu schreiben.

Von allen Seiten kamen Kinder herbei. Ein Maler, leise. Obwohl da gewiß noch niemals ein Maler gewesen war, verstanden sie gleich, was er wollte. Ein Kleiner zupfte und fragte mich: »Warum zeichnet er das?« Ich sagte: »Er zeichnet ganz Griechenland, also auch das.« Das Kind verstand es und nickte.

Wie aber sahen sie aus, diese Kinder! Gelb, ein Gespenster-, ein Totenzug! Die Auszehrung hatte sie reif gemacht, großäugig und alt. Ein Mädchen, das auf schiefer Hüfte ein Brüderchen trug, zog einen Krauskopf, der aufs Blatt sehen wollte, zurück und zankte ihn leise aus. Aber das Brüderchen auf dem Arm, was war das? Wahrhaftig, ein gelber kleiner verhungerter Affe.

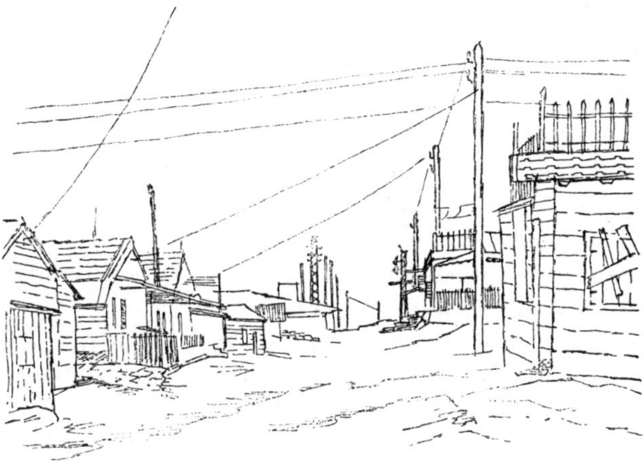

Athen: Flüchtlingsquartier

Und dennoch bettelten sie da draußen weniger als in Athen. Nur manchmal ein seitlicher Blick, wie um es nicht unerledigt zu lassen, ein seitlicher Aufblick und schnell gefragt: Ligo psomi? bißchen Brot? — die zwei Worte, die sie damals tausendfach flüsterten, riefen und schrieen durchs ganze Athen.
Als der Maler zu Ende war, wollte er den Namen der Straße erfahren. Einige Kinder sagten, sie heiße überhaupt nicht, andere versicherten: doch. Erwachsene wurden geholt. Wie hieß sie also? Arkadischer Weg.

TOD IM PIRÄUS

Ich ging allein weiter, von der Tyrannis des Elends gepreßt. Es war ein feuchter Februarabend. Die Straßen, die keine waren, nur trockene, rötliche Wildbachbetten, nackter Felsen dazwischen, führten mich irr; notbehülflich war eine an die andere gestückt. Ich suchte auf die Höhe über dem Meer zu kommen, wo sich eine prunkvolle, häßliche Kirche erhob. Als ich oben war, sah ich, daß sie sich in der Mitte eines großen Friedhofs befand. Ich trat durchs Gittertor ein.
Ein Fahrweg führte zwischen den Gräbern noch weiter bergan. Vom Meer herauf drangen Hafengeräusche, das Rasseln von Ketten. Auf den Marmorstufen stand ein Pope, als habe er schon lang so gewartet. Da es dämmerte, sah ich ihn erst, als

seine schwarze Gestalt unmittelbar vor mir und über mir war. Ich grüßte.
Er kam, die Hände in den Ärmeln verhüllt, die weißen Stufen herab. Er sagte, daß er Germanos heiße; obwohl ich wußte, daß sich das auf den berühmten Freiheitshelden bezog, schien es mir eine Bekundung zu sein, daß er mir trotz meiner Uniform nicht feindselig sei, was sich nicht von selber verstand, da die Geistlichen die Seele des nationalen Widerstands waren. Dann fragte er mich, ob ich das heutige Grab sehen wolle. Ich wußte nicht, was er meinte; er wartete auch meine Antwort nicht ab, sondern begann mich zu führen. Alsbald hatte ich in der Vielfalt der Gräbergevierte die Orientierung verloren; da blieb er zurück, indem er mir mit bewegten Armen und Händen den Rest des Weges beschrieb. Ich folgte der Weisung, er grüßte und ging.
Ich gelangte an den Rand eines Grabs, das so lang und so breit wie ein Schulzimmer war. Beiderseits häuften sich Wälle. Von der Seite führten die Gleise eines Karrens heran.
Offenbar hatte man tagsüber Tote herzugefahren und sie vom Karren sofort in die Grube gelegt, ohne Särge, wie es im Krieg und in Pestzeiten ist. Diesmal, im Winter 41 auf 42, war es der Hunger; allein im Piräus verhungerten Tag für Tag fünfzig; manchmal fielen nur vierzig an, dann wieder sechzig. In Athen war es schlimmer; wer am frühen Tag durch die Straßen ging, konnte vom Schloß bis zum Eintrachtsplatz auf dem Asphalt zwölf

oder fünfzehn Verhungerte sehen; allein über den Rosten der Untergrundbahn, wo ein bißchen Wärme aufstieg, lagen gewöhnlich vier, fünf.
Die Grube war etwa zur Hälfte gefüllt. Man hatte die Toten eingelegt wie die Früchte, und die Ernte war gut. Es kam immer eins neben das andere, dann eine dünne Schicht Erde, worauf man eine neue Zeile begann. Die Reihe, die jetzt gerade die oberste war, war erst bis zur Hälfte gekommen. Man hatte die neuen Gäste recht schlampig zur Ruhe gebracht; so konnten sie ihren letzten Schlaf unmöglich gut schlafen. Doch es wäre unrecht gewesen, den Totengräbern daraus einen Vorwurf zu machen; der Andrang war groß und sie selber waren vom Hungertod kaum viel weiter entfernt als die sie begruben.
Wie sie das Leben hatte verhungern lassen, so lagen sie nun auch im Tod. Die Kinder streckten die Arme und Beine ungezogen aus der Reihe heraus. Die Gliederchen, dürr wie die Stecken, sperrten sich so aus dem verschlissenen Zeug, als sei es erst durch die widerspenstige Steife der Ellenbogen und Knie zerrissen. In einem Bett war von denen sicherlich keines gestorben; es war nicht sehr fröhlich zu denken, wie sich unter den am Boden zusammengekrochenen Familienmitgliedern am Morgen das Brüderchen oder das Schwesterchen als verhungert erwies.
Wie sie jetzt lagen, war natürlich nichts mehr nach Familien geordnet, nur nach der laufenden Nummer des Tods. Die Hälse von allen waren verdorrt;

nur Halswirbel, Kehlkopf und Sehnen waren noch übrig geblieben und zu einem unwahrscheinlich dünnen Stengel geschrumpft. Auch die Gesichter waren vom Feuer des Hungers verzehrt; das Fleisch der Wangen und Lippen floh von den Gebissen zurück, so daß man sich einbilden konnte, sie hätten noch in ihren letzten Minuten daran gedacht, in ein hingehaltenes Stück Brot einzubeißen. Doch das war Unsinn; jeder, der damals in Griechenland war, konnte wissen, daß dem Hungertod eine ziemlich lange Zeit vorangeht, in welcher der Hungernde nichts mehr zu essen vermag. Jedermann hatte es zwei oder drei dutzendmal auf der Straße gesehen, wie sie einem Zusammengebrochenen auf dem Asphalt noch ein Stück Brot vor den Mund schoben, das er nicht mehr im Stand war zusichzunehmen, so daß er Hungers starb, Brot vor den Lippen.

Den Frauen in der Grube hatte man einen Strick um die Kniee gebunden, damit sich auf dem letzten Transport nicht die dünnen, schwarzen Röcke verschöben. Denn Särge – wo hätten die vielen Särge herkommen sollen? Und es war auch ganz gut so. Das Gesicht des Todes ist so, wie es ist; für wen Schonung? Für die Toten doch nicht? Man macht es doch den Toten nicht vor, daß es nun noch ein bißchen Für-sich-sein, ein kleines Daheim und etwas Behaglichkeit gebe? Erde zu Erde und Staub zu Staub. Hatten sie schon auf die Poesie des Lebens verzichtet, so verzichteten sie leicht auch auf die des Todes; sie starben ihren Tod unverblümt. Wenn die Erdschollen fielen, stürzten sie sofort in die aufgerissenen Münder hinein. Gut; das heißt noch des Todes Bitternis schmecken.

KEIN AUFHALTER MEHR

Zehntausend Ödipusenkel, zehntausend Schwellfüße; jetzt aber Ödeme nicht mehr von durchstochenen Fersen, sondern Hungerödeme. Solche Ausbrüche des Elends, solche Wuchten des Leidens gehören zum Bilde des Südens. Hier sind sie immer als Möglichkeit da. Das exemplarische Leiden der Bettler, Krüppel und Blinden auf den Straßen bewirkt, daß Leiden immer anwesend ist, während man bei uns dergleichen versteckt.
Dies Allgemeine, diese Ohnmacht des Leidens (sie ist ansteckend) ist einer der Gründe, weshalb man Länder wie dieses Hellas bereist. Um es zu sehen, nicht um es zu übersehn, wie es noch unsere reisenden Großeltern taten, die sich an den Neapler Gassenbildern ergötzten und in Ägypten oder in Algier einem Zauber der Basare verfielen, der nur in ihren Tausendundeine-Nacht-Phantasien bestand. So aus der Sicherheit reist man nicht mehr. Jetzt reist man, um zu erfahren: wie das ist, wenn die Völker noch vollends ins Geschichtslose glitten. Denn das ist es doch, daß sie dort keine Geschichte mehr haben; es sind bloß noch Nachwehen, bloß noch Geschichten. Wo geordnete Macht mit ihren Säulen, Wölbungen, Spannungen, Stockwerken nie-

derbrach, ist bloß noch Eingeebnetes, Schutt. Bloß noch Preisgabe. Bloß noch Masse und Glauben.
Aber vielleicht ist es das, was auf uns zukommt: Masse und Glauben. Die Diktatoren züchten die Massen, aber sie täuschen sich: nicht für sich. Die Länder gleichen dann Wüsten, über welche Stürme ohne Aufenthalt rasen. Da sind keine Aufhalter mehr.
Paulus, Römer und Jude, geriet zuerst in die Zange des furchtbaren Schlusses: daß jede irdische Ordnung, jede Herrschaft, jedes Reich und jede Hierarchie ein Aufhalten des wiedererscheinenden Gottes sein muß. Weil die Ordnungen sicherer machen, die Welt fest und das Leben gegründet und weil sie die Preisgabe mindern. Wer in der Sicherheit lebt, wird kaum zur letzten Waffenstreckung gelangen. Das Leiden ist eben nicht ›in der Ordnung‹. Deshalb spricht Paulus im zweiten Briefe nach Saloniki geradezu vom ›Mysterium der Anomia, der Ordnungs- und Rechtlosigkeit‹. Vor dieser ungeheueren Wendung sind die Übersetzer samt und sonders zurückgeschreckt. Luther gibt anstatt dessen ganz frei: ›die Bosheit rege sich heimlich‹, spätere Übersetzer wählten ›Geheimnis der Bosheit‹ und ähnliches, was der Stelle ebenfalls keinerlei Sinn gibt. Glaubt es nur, Paulus schrieb: ›das Mysterium der Rechtlosigkeit‹.
Das also ist es, was eine Reise in die geschichtslosen Länder zum dringenden Anliegen macht: hier gibt es keinen Aufhalter mehr. Da ist nichts mehr, kein Gefüge, das vorgibt, eine Ordnung auf Geheiß

Gottes zu sein. Da ist nichts mehr in Ordnung. Alles aufgezehrt, alles getilgt. Nichts hält mehr auf. Da ist nur noch der stürmische Glaube, wie ihn der Moslem am Rande der Wüste besitzt, ein Beter, der nur eines Teppichs bedarf, um sofort, ohne Übergang, in der tiefsten Versenkung zu sein: Gläubiger ohne Gotteshaus, ohne Bild, ohne Priester, ohne selbstgefundenes Wort. Nur noch der stürmische Glaube, wie er zuweilen in Lagern und in den Gefängnissen wächst.

Phaleronbucht und Hymettos

SEGELSCHIFFHAFEN

Von Athen nach dem Piräus geht eine elektrische Bahn. Sie beginnt in der Stadtmitte als Untergrundbahn. Für einen Augenblick zeigen sich die Jahr-

Auf Salamis

tausende ihr Gesicht, wenn der Zug aus dem Stollen ins Freie gelangt und das schlotternde Eisen der Neuzeit an Theseustempel vorbeifährt.
Die Jahrtausende. Während das neue nur eisern zu schlottern versteht, nahm das alte eine sublime Antwort vorweg. Sokrates sagte, wohl könne er denken, daß man eines Tages auf neuartigen Rädern schneller in den Piräus gelange, nicht aber, daß die Gesetze von Wahrheit und Recht sich je ändern könnten.
Die drei antiken Piräus-Häfen sind immer noch da: der Phanari-Hafen, der Zea-Hafen und der große, der einst der Kantharos hieß. Sie sind der Form nach eine Birne, ein Apfel, ein Krug. Nur in den großen zog die neue Zeit ein mit der Häßlichkeit und der Verlockung, die zu jedem Hafen gehört. Die beiden kleinen dienen nur Segelschiffen. Da sieht es wie eh und je aus.

Eine Zeile sorgloser Tavernen reiht sich am Strand. Segelmasten stehen ins Himmelblau, ein frohes Gewimmel. Zwischendurch, reizender Zaun, der kühlblaue Hymettos in ganzer Länge, gepudert mit Schnee. Großartig fährt über den Himmel seine Kontur. Braune Netze sind ausgespannt. In einer Zeile die Schiffchen. Das Meer sagt: blau muß ich sein, in Ewigkeit edelsteinblau. Die Kiele schwätzen: bunt natürlich, recht bunt. Wellen schlagen den Kies, die Masten taumeln wie träumend. Die Boote steigen und fallen mit den kleinen Atemstößen des Meers.

SALAMIS, VORFRÜHLINGSABEND

Auf Salamis zu wandern ist ein unerwartetes Schönheitsgeschenk. Auf so viel blühende Stille kann niemand gefaßt sein, wenn er vom attischen Festland her den Sund überquert. Denn die Aigaleos-Berge am attischen Ufer sind kahl wie die Totenschädel. Auch die kleineren Inseln im Sund: alles ist gelb, ohne Halm, ohne Strauch. Ins Gelbe schmiegt sich das tintige Meer.

Aber inseleinwärts beginnt das Herz der Landschaft zu schlagen. Ein Tälchen öffnete sich. Hier wuchs etwas. Ich nahm Erde zur Hand. Sie war bröselig rot. Eine Handvoll Ackererde: ich erlebte es neu. Dies war ein Weinacker. Im frühen Frühling waren die Weinstöcke noch nicht belaubt, sie züngelten als schwarze Knorren aus dem Erdreich wie Schlangenhäupter empor. Das Gelände glitt hinunter zur tiefblauen Bucht. Der Silbersaum eines Ölwalds eilte auch flüsternd hangab. Drunten am Ufer hielten ein paar Zypressen die Lispelnden auf: stille doch, still.

Zwei Häuschen waren rosa und weiß in die Landschaft getupft. Ein Mandelbaum, mädchenhaft klein, blühte noch nicht, er spreizte seine Zweiglein im Frühlingserwarten. Von fern am Weg näherte sich ein kleiner Zug. Ein Mann, der Vater, ließ sich

Bucht von Salamis

auf einem Maulesel schaukeln, dahinter die Frau, die den zweiten Maulesel führte, er war mit einem Berg Reisig bepackt, hinterdrein zwei, drei, vier Kinder, krauchende Reisighaufen mit Beinchen.

Wie ewig dieses Tälchens Urmusik war. Am Berghang zog sich eine Schafherde hin. Das Herdenglockengeläut, drei einfache Töne, drang her. Dazwischen die Pfiffe der Hirten. Ein Räderkarren quietschte von irgendwo. Hellhörig war dieser Abend. Es war niemand zu sehn, aber man hörte

Getick von Hacken und das Klirren von Spaten, die in den steinigen Boden fuhren und Stimmen von da und von dort, Frauenrufe und Männergeschelt. Der Äcker Frühlingsgespräch.
Vom Berghang, irgendwoher, schrie ein Esel sechs, sieben zusammenfallende Schreie. Da war Pan überm Tal. Alles war nah. Es war Abend und es rückte alles zusammen. Je dichter der Schleier der Dämmerung sich wob, um so mehr fand die Seele des kleinen Tales zu sich. Es versank in einem immer blaugrüneren Glanz. Schließlich war es so aus sich selber erhellt, als sei es bis an die oberen Ränder gefüllt mit klar-topasenem Wein.

AN DEN TÜRKENBERGEN

Im letzten Kriegsfrühling, den ich auf dem griechischen Festland verlebte, bewohnte ich ein Häuschen außerhalb von Athen am Fuß der Türkischen Berge. Der Besitzer, ein Deutscher, der seit langem in Griechenland wohnte, mußte für ein paar Wochen nach Deutschland verreisen; inzwischen sollte das Haus nicht unbewohnt sein. Da er mit den hohen militärischen Stellen gut stand, bat er um eine Bewachung. Meine Gönner kamen auf die Idee, mir diesen Posten, der tiefe Ruhe verhieß, anzuvertrauen.
Das Häuschen war leicht gebaut, nur ein ebenerdiges Stockwerk, viel Glas. Vom großen Wohnraum ging der fliesenbedeckte Fußboden ohne Stufe

in den Garten hinaus. Ein Hund und eine Magd gehörten zum Inventar; sie war schwärzlich, mit sprossendem Bart und sprach nur ein einziges deutsches Wort: »Essän«. Immerhin.

Seit langem hatte ich nicht so einen Überfluß an Alleinsein gehabt. Ich lebte mit Sorgfalt ohne Begebnis in einer Zeit, die mit Begebnissen vollgestopft war. Ein Leben, schlafentrückt, schien mir wert des Erstrebens zu sein. Der Wunsch war mir neu; er war offenbar eingegeben von diesem Land, das vom Tätigsein keine große Meinung besitzt.

Der Frühling zog durch mich hindurch. Ich hielt still, ich öffnete mich dem steigenden Jahr. Das Licht brach wunderbar aus, Tag für Tag mehr, bis es eine herrliche Höhe erklomm. Der Himmel wölbte sich jeden Abend höher empor, wie frischgestöberte Räume, die höher und hallender sind.

Der attische Frühling kommt ohne Prangen; er ist mit einem Mal da, aber gering, spröde, dünn, harfengezupft. Er duftet kaum; die spärliche Erde riecht nicht, nicht das Gras, nicht das Blühen; Veilchen, goldene Margeriten, Mohn, Jasmin, sogar Rosen: alles fast ohne Duft, wie die Träume es sind.

Stärker noch als am Tag war das Kommen des Frühlings in Nächten. Da eilte er aus dem ganzen Lande herbei. Die Nacht rückt zusammen, was sich am Tage einzeln und selbständig macht. Die Punkte im Land, auf die es ankam: das Kloster Johannes des Jägers am Hymettos-Abhang, die Kephissos-Quellen, der Zeus-Altar auf den Türkischen Bergen, alles meldete sich, alles war da. Diese Punkte

schwebten im Schleiergespinste der Nacht wie die Glasgewichte, die in Fischernetze geflochten sind.
Alles ist aufgeschlossen, alles ist nah. Ein Hundegebell von weither bringt vieles mit. Der Wind läuft die Hecke entlang, eine Kiefer rauscht auf.
Man muß darauf achten, richtig im Leibe der Landschaft zu sein. Nachts muß man so liegen, daß man den Zug der rinnenden Wasser einhält, mit den Füßen dem Mündenden zu, im Gefälle der Quellen. Welche Wohltat, an Berghängen zu wohnen, weil dann kein Zweifel sein kann.
So in der Nacht war der Frühling ganz da. Kam, in trinkschalendünner klingender Kühle, drang durch die weitgeöffneten Fenster herein, wuchs im Zimmer empor, wölbte sich auf, baumkronenhaft, sprengte wie eine Knospenhülle den Raum und stand da, ganz Frühlingsgewalt.

DER MASKENGOTT

Hinterm Pentelikon gegen Marathon zu ist ein Waldtal. Mittag in Klarheit und Glut. Das Tal erzählt sich etwas. Ziegen, die irgendwo klettern, Glöckchengebimmel. Ein Specht trommelt laut. Unter Platanen ein Bach. Anemonen in tanzenden Scharen. Im fernen Steinbruch Getick.
Kein Fremder. Einsamkeit wuchs übers Tal, ein Gespinst natürlicher Weihe, das beim Besuch von Reisescharen nun einmal zerreißt und erst nach Zeit und Weile verwächst.

Das ist Attika, flötenzart. Hier liegt die Ortschaft Dionyso, nur ein paar Hütten. Hier grub man ein kleines Heiligtum des Dionysos aus. Wo nichts mehr die Gegenwart des Gottes verriet, hat der Name der Flur treu die Erinnerung bewahrt.
Man fand die Spur eines kleinen Theaters. Priestersessel unter Ölbäumen im Gras, sonnenwarmes, flechtenbedecktes Gestein. Denn hier war die Heimat des Thespis, der als Erster dramatische Spiele zu Ehren des Gottes, und also die Tragödie erfand.
Kleines trächtiges Tal, wie dir die Geburt deiner Wälder entwuchs! Nun gleichst du einer Hülse, die leer ist. Ausgeboren, vergaß man dich. Nur der Rauch von Hirtenfeuern steigt noch zum Mittaghimmel empor, ein Opfer, von niemand erkannt.
Als man das Heiligtum ausgrub, fand man eine Maske des Gottes. Sie war aus pentelischem Marmor, dem Stein, auf dem man hier ohnehin steht. Das Antlitz des Gottes, der also kein Antlitz, nur eine Maske besaß, war voll Ausdrucksgewalt. Alles an ihm war gewölbt und zum Runden getrieben, als stehe es aus dem Innern unter unbändigem Druck. Die Augen drängten, gewölbt aus Gewölbtem, aus den äußerst genutzten Schlitzen hervor. Die Wangen beulten sich stark. Die Stirn war die Stirn eines Stiers. Die Haare rollten in fetten Ringellocken daher, ein stampfender, hingerissener Tanz. Nach unten rann alles weg in einen strömenden Bart, in den auch der Schnurrbart einfloß.
Also ein Gott, der anstatt eines Antlitzes nur eine

Maske besaß? Höchst paradox. Ein Gott muß doch ein Angesicht haben? Eine Maske ist aber kein Antlitz, sondern das Andere davon, seine Hohlform, sein Negatives, sein Abdruck, der Typus; im nie betretenen Sande die Spur. Etwas ist da, aber es erscheint in dem, was es mit Gewißheit in jedem Falle *nicht* ist.

Also was heißt das nur: Maske? Denn man muß doch solche Bilder bedrängen, bis sie alles hergeben, wenn anders man den Erscheinungen mehr zutraut als den blind gewordenen Begriffen, und das muß man doch; alles andere hieße die Schöpfung verraten. Maske ist stimmlos; aber das Flehentliche, das in ihr ist, verlangt nach nichts so als nach Bestimmung. Maske ist blicklos; aber die leeren Höhlen schreien mehr nach Gesichten als Augen, die von viel Halberblicktem abgenutzt sind. Maske ist starr und ohne Bewegung; alles Starre, das sich in Menschengesichtern einnisten kann, wird hier zum offenen Skandal. Maske ist körperlos, nichts ist dahinter; aber sie hungert nach Antlitz. Sie fordert Erfüllung heraus: komm, Fülle, erfülle mich doch.

Ein Gott, der sich in der Maske darstellt, ist einer, der sich leer zu machen empfiehlt. Man erkennt, daß es die Gottheit des Zeitlichen ist: wie die Zeit leer ist und ihre einzige Chance Erfüllung, so ist Maske der Schrei nach etwas, das sie erfüllt. Sie ist Sehnsucht, nur Durchlaß, nur Beute von etwas Anderem zu sein.

Maske: das alte Wort dafür ist Person. Ob es nun von durchtönen oder von prosopon kommt: Person ist in jedem Fall Maske. Auch kommt natürlich Theatermaske vom Maskengott her, nicht der Maskengott vom Theater. Also steht man bei diesem archaischen Marmorbild vor dem Urbild des großen Wortes Person.

Die Geschichte des Wortes Person ist die Geschichte des Selbstbewußtseins des Menschen. Das ist wie ein Meßgerät, welches die Schwankungen unseres Selbstgefühles ermißt. Aus einem Wort, das tiefer Demut entsprang, ist, sehr merkwürdig, mit der Zeit eine Vokabel des Stolzes, ja die Parole der Selbstbestimmung geworden. Aber Goethe, in den berühmten Versen, daß höchstes Glück der Erdenkinder die Persönlichkeit sei, ironisiert das erhabene Gefühl. Ihm will Preisgabe köstlicher scheinen; so weit geht er, das Ich ganz und gar löschen zu wollen, um nur noch springend zu sein:

Am Hymettos

immer der, den Suleika liebt, sei es ein Rabbi, ohne Zögern Firdusi, wenns nicht anders geht, auch der Kaiser. Wenn ihm nur das Widerfahrnis verbleibt. Das hat der alte Liebende in den Divanversen gemeint. Aber hat man jemals aus irgendwelchen Worten irgend etwas anderes gehört als man wollte? Man hat gerade die Verse tausendmal zu Zeugen fürs Gegenteil dessen, was sie offenbar sagen, gequält.

HYMETTOS

Ich habe von jeher das Wort Hymettos um seines schmetternden Wohllautes willen geliebt. Als ich das lang hingestreckte Gebirge zum erstenmal sah, wußte ich gleich: dieser ists. Er erinnerte mich an das Riesengebirg. Genau so plötzlich steigt er als Wall aus der Ebene auf und fällt auch jenseits plötzlich wieder in die Ebene ab; er scheint, wie Gebirge im Spielzeug, eigens verfertigt und zuletzt erst dem Lande aufgesetzt worden zu sein. Auch das Kahle ist es, was beide Gebirge verschwistert und sie alt, heiter und weise macht, und daß man bei beiden querüberberg laufen kann, ohne Weg, auf hohen Fluren, wie selten sonstwo. Und dann, vor allem, ist es dieselbe Kammlinie, ein leidenschaftlicher Wellenzug, der sich über den Himmel hinschreibt voll Großmut und Zorn. Nie wird das Auge müd, sich an dieser Himmelsdiagonale einfach zu machen.

Am Hymettos

Aber ganz kahl ist der Hymettos, ganz unbegrünt, und seine greisen, erfahrenen Flächen halten dem Lichte sich hin. Dem Licht. Das ist nun seines Alters Spiel, seine Lust. Was das attische Licht vermag, zeigt der Hymettos. Es ist ein unaufhörlicher Wandel über alle Zeiten des Tags: zarteste Farbengüsse, mildeste Stufen. Eigentlich ist seine Farbe das tönerne Braun, das Vasenbraun des attischen Lands. Aber der Morgen vollbringt zuweilen etwas japanisch Getuschtes; dann liegt die Vorstadt im Dunst, die Ebene im weißen Gedampf; darüber die blauen Massen des Bergs wie Gewölk. Zu Mittag, wenn das Sonnenlicht seitlich auftrifft, gibt es einen grünsamtenen Schimmer; dann zeichnen sich Täler und Schründe unerbittlich heraus. Dann ist das Greisenhafte an ihm sehr stark.

Aber das Abendlicht! Da gleitet er schnell hinein

in ein Violett, das nur er vermag. Dann verklärt er sich. Dann ist es das veilchenumkränzte Athen.

NYMPHENGROTTE IM HYMETTOS

Ich hatte gehört, im Hymettos habe sich ein kleines Heiligtum aus der Antike erhalten. Oberhalb des Dorfs Wari in den Bergen sollte es sein. Das ist auf der Bergseite, die Athen abgewandt ist; Wari liegt unweit des Meers.

Ich fragte im Dorf. Die Wegbeschreibung war von blühenden Gesten begleitet, aber wie es so ist, nachher sieht alles ganz anders aus, im Gebirge zumal. Da sollte ein Wegweiser kommen, aber den hatte wohl irgend jemand zu anderem Zwecke gebraucht.

Ich suchte lang und war schon ein paarmal zurück an dieselben Stellen gekommen, als ich von einem höher gelegenen Punkt aus sah, daß sich im obersten Rund einer Kuppe der Fels ein paar Fuß breit eröffnete. Ein Feigenbaum, laublos noch, mit klagend gerungenen Zweigen, stand dicht dabei.

Ich stieg ab, eine Senke lag zwischen mir und dem Punkt. Ich lief wieder bergan auf den Feigenbaum zu. Ja, es war der Eingang der Grotte. Es ging senkrecht hinab in den Fels. Ich kletterte, ließ mich ein kleines Stück fallen, dann bekam ich Felsenstufen unter den Fuß, uralte, ganz schmal. So ging es ein wenig hinab in den Ohrgang; dann tat eine Wölbung sich auf, eine doppelte Birne. Tropfstein

Kirchplatz in Wari

war da. Ein Quellchen wallte in sich hinein und sammelte sich. Die Scherbe silbernen Himmels gab silbernes Licht. Das Auge gewöhnte sich. Ringsum gewachsener Fels. Kein Meißel hatte die Wände geglättet, nicht einmal der abfallende Boden war eben gemacht.

Ich erkannte die Gestalt einer sitzenden Göttin. Die Arme lagen am Leib, vom Steine gebunden, die Hände endeten bei den Knien. Der Saum des Peplos schlug eine Falte.

Das Bildnis war gewiß nie ein großes Kunstwerk gewesen und jetzt schlimm zerstört. Es hatte die Form eines Göttinnenbilds, wie man es aus der archaischen Zeit in mancherlei Wiederholungen kennt. Zum ersten Mal sah ich das Bild einer griechischen Gottheit am alten, gehörigen Ort; wo gab es das noch? Es fiel mir nicht ein, das Kunstwerk in diesem Steinbild zu sehen. Ich sah nur den gläubigen Sinn, der es gebildet und aufgestellt hatte, sah nur die Göttin im Stein, wie sie unergründlich dasaß, in Starren versunken, im Dämmerlicht, das sie seit mehr als zweitausend Jahren umwob. War es eine Bergnymphe? eine hymettische Nymphe?

Noch eine Anzahl anderer Kulte waren ins Mutterhöhlchen des Berges geschlüpft und siedelten dort; ihre Namen waren mit einiger Mühe zu lesen: ein Anruf des Pan, des Zeugers und Schweifers und Herren und Meisters der Nymphen, dann Apollons Name, der ja auch einmal Hirte war, und Hirte goldener Rinder, und der Charitinnen, der drei Lieblichen aus Apollons Gefolg. Auch stand ein derber Steinaltar da. In einem Wandrelief hatte ein Steinmetz sich dargestellt; auch seinen Namen schrieb er dazu und er habe, von der

Bucht von Wari

Nymphe besessen, die Grotte verschönt. Das stammte wohl alles aus ganz verschiedenen Zeiten. In den Wänden waren Dutzende kleiner Nischen, wie Schwalbennester, für Opfergaben bestimmt. Nicht unter den Säulen des Parthenon fühlte ich mich vom Hauch der Antike so nah und so plötzlich umweht. Hier war noch alles wie einst. Jahrtausende lang war alles beim alten geblieben; noch waren die Atemzüge der Hirtenanbetung vernehmbar. Nur ein paar Opferkränze hätten sein müssen und frische Blumen der Göttin am Fuß, nur in den Nischen Gaben von Öl: — Öl, wie es die Bäume im Tal immer noch schenken; nur Honigwaben, wie sie die Hymettosbienen noch baun, ein Widdervlies von den Herden, die übers Gebirg ziehn; nur ein Ährenbündel vom Feld, nur etwas Jagdbeute. Nur ein paar Hirten hätten sein müssen, Hirten, die heutigen Tages gesonnen sind wie damals und immer, in praktischer Furcht der Gewalten.

Als ich nach Griechenland kam, war ich von Begierde erfüllt, die alten Ruhmes- und Trümmerstätten zu sehen. Dieser Wunsch nahm mehr und mehr ab. Was im Stande der Hinterlassenschaft ist, hat am allerwenigsten mit dem Stande der Fülle zu tun; der Nachlaß ist immer des Lebendigen Affe, immer des Lebendigen bitterster Feind; um ihn ist Selbstbetrug und Betrug. Dafür ergriff mich mehr und mehr Neigung, das griechische Land in seiner blühenden Wildnis zu sehen. Sie ist es, die nachlebt, sie ist es allein.

Es ist wunderbar, über den Kamm des Hymettos zu wandern. An der höchsten Erhebung stand einstmals ein Standbild des Zeus. Ein Wölkchen Gottesgeruch haftet noch immer am Ort: Elias, der im feurigen Wagen zum Himmel auffuhr, hat da jetzt eine Kapelle.

Auf halber Höhe des Bergs liegt Asteri, ein klösterliches Genist. Als ich durch die verfallenden Mauern in den kleinen Klosterhof trat, saßen Mönche auf langen Bänken an langen Holztischen, tranken geharzten Wein, hatten Kniegeigen und sangen. Sie wohnten nicht dort, sie waren aus dem Tal zu einem Feste gekommen. Ihre Feuchtfröhlichkeit war etwas verschwitzt. Ich schien zu stören und wollte gehen. Einer erhob sich vom Tisch, sprach mich deutsch an und lud mich ein, teilzu-

Am Hymettos

nehmen. Bald saß ich inmitten der Mönche im heißen Tag, trank und sang auch. Im schattenlosen, kahlen Gebirg hing ein gelbgoldenes Licht.
Blicke auf griechisches Land. Wie klein alles ist, wie menschlich bemessen. Alles näher und wohnlicher als man gedacht.
Die Bergkonturen wie tot, die Linien erstarrt, kahl, gelb, wie mondgebirgig verglüht. Aber in den Silberkonturen, in denen sie sich gegen das Blau des Himmels verwahrten, rieben sie sich wie Meteore es tun.
Dazwischen, wie im Gold das Email, das hellblaue Meer. Und wie viele Inseln. Euboia mit den schneeigen Bergen, Aigina, Salamis und was da noch alles schwamm im Aigaischen Meer: blaue Tupfen im seidenen Blau.
Wenn man hier ist, hat man keine Sehnsucht anderswohin. Man ist in der Mitte der Welt. Es gibt wenig Plätze, die so eine Heimatkraft haben.

ATTISCHES LICHT

General Schmidt erhob sich, ging auf mich zu und sagte: »Ich habe Griechenland hundertmal überflogen. Es sieht aus wie eine abgebälgte Katze.« Die Beobachtung war richtig. Wenn ich das Land nicht liebte, würde ich sagen: es stimmt. Da ich es aber liebe, nicht gernhabe, sondern liebe und brauche, und Sehnsucht nach ihm habe, wenn ich nicht dort bin, ists anders. Denn natürlich heißt

lieben, einen Wert sehen können, den andere nicht sehen; das trennte mich von Herrn Schmidt.
Sicher, etwas Ausgebranntes ist über dem Land, etwas Uraltes. Manchmal sagt man sich: aber das ist ja ein Greisengesicht. Brandstatt Griechenland. Als ob ein ungeheures Feuer darübergegangen sei. Alles ist kahl, alles ist ausgeglüht, ein einziger Spieltisch des Lichts.
Ach dieses Licht! Das attische Licht ist der erlösteste Grad des griechischen Lichts. Wenn es einmal ausbleibt einen Wintertag lang, merkt man erst, wie arm die Welt früher war, ohne diese Ströme von Helle.
Dieses Licht geht nicht nur durchs Auge ein, es ist eine Flut, die den ganzen Körper durchrinnt. Es ist ein elektrischer Strom, es steigert, es reizt, es hebt Schwere auf und es trägt. Darum ist es gut, auf die griechischen Berge zu steigen; im Steigen ist man umspült von den Kaskaden des Lichtes, die bessern und reinigen. Diese Helle schenkt einen Rausch, der aber ein Rausch voller Klarheit ist, voller Gesundheit auf wirklicher Erde.
Was für ein Land, das die Gewißheit so dauerhaften Lichtes besitzt. Denn es gehört dazu, daß man seiner sicher sein darf, daß es sich Tag für Tag wiederschenkt, ohne Zweifel und Bangen. Da sind Sonnentage nicht ein erhaschtes Glück. Da sind sie Geschenke, auf die man sich ehern verlassen kann, ein Geschenk mit dem Zugeschenk der Gewißheit. So wird zu selten geschenkt.

Überm Meerblau lag Aigina. Ich erkannte die Bergpyramide des Oros mit dem Altar des panhellenischen Zeus. Darunter, aus dem Grünen der Hügel, wahrhaftig, sandten die Säulen des Tempels einiges Weiß. So nah war alles in Griechenland. So licht und klar war die Luft, daß sich solche Blicke ergaben. Von Sunion sieht man Aigina. Von Aigina sieht man den Parthenon. Auch von Akrokorinth sah ich den Parthenon und den Zeusberg von Aigina und nach der anderen Seite den Hymettos, die Gipfelflur der Peloponnes und den Olympos.

So grüßen die Götterorte sich über ganz Griechenland hin: Ballwürfe von Blicken. Es sind goldene Bälle.

Die Tempelsäulen von Sunion stehen auf bräunlichem Fels, eine weiße Zackenkrone des Lands. Jede der griechischen Tempelruinen hat ihre eigene, unvergeßliche Farbe. Die Burg von Athen: honigfarb. Olympia hat ein uralt silbernes Grau. Korinth hat sein heimliches Braun. Bassai ist bläulichgrau fahl, der Tempel von Aigina hat die Farbe von eichenem Holz: zwischen Grau und rötlichem Braun.

Sunion allein ist schneeweiß.

Der Marmor der Säulen von Sunion hat keine Patina. Es scheint, als habe der immerwährende Wind, erzeugt von Sonne und Meer, also ein Wind, der noch aus ganz Reinem bestand und noch frisch

Sunion

war, als habe der junge Wind keine Haut des Alters geduldet. Überhaupt keine Haut: das Korn des Marmors liegt bloß. Es ist zuckerig wie im frischen Bruch.

Ein tüchtiger Sturm wehte bei völliger Klarheit. Die Welt sah frischwaschen aus. Die tiefblaue Meerflut wurde von regenbogenfarbenen Schleiern gefegt. Millionen weißer Kämme reihten sich hintereinander. Die nahen Inselchen stiegen erdig und braun aus dem tintigen Blau, vollkommen unfruchtbar, wie irden gebrannt.

Der Sturm ging so durch die Säulen, daß es an den Kannelierungen rauschte und sang. Das zaubrische Licht drang tief ins kristallige Weiß des Steines hinein und ein ganz feines, apfelblütenhaftes Rosa schien wie ein Lichtecho aus dem Innern zu antworten.

Bei Kap Sunion

Das Amphiareion ist ein kleines antikes Heilbad am Nordrand von Attika; die Ausgrabungsstätte liegt abseits der begangenen Straßen.
Vom Dorf Oropos, Hafen, lief ich in den Abend hinein, erst am Meeresufer entlang, dann über Höhen, steinige, staubige Wege. Die Wein- und Getreidefelder gewannen im Spätlicht heftigen Glanz, so wie eben hierzuland alle Dinge ihr Durchscheinendes haben, jedes Häuschen, jede Taverne. Überm Sund die blauaufgefalteten Berge der Insel Euboia, zärtlich wie Blütenblätter von blauweißem Mohn; der Delph noch im Schnee. Abendlicht lag jetzt darauf und ließ ihn erglänzen in überwirklichem Glanz. Am hiesigen Ufer Zypressen, dahinter das trunken schimmernde Meer.
Ich stieg in ein Kiefernwaldtal hinab, versteckt rann ein Quell. Ich fand die ausgegrabenen Trümmer, den Tempel, das Bad, die Brunnenkammer, die Halle des heilenden Schlafs und das kleine Theater. Es war alles hübsch beieinander, klar und nicht schwer zu erkennen.
Niemand, wie zu erwarten, war da im Ruinenfeld, in der engen waldigen Falte, die etwas unsagbar Liebliches hatte. Niemand weitum.
Ich war viele Stunden gelaufen und etwas erschöpft. Eigentlich hatte ich vor, ins Dorf Kalamos weiterzugehen und dort eine Übernachtung zu suchen. Aber dann schien es mir besser zu sein, im Amphiareion zu bleiben. Man muß froh sein, wenn

man einem so erfahrenen Orte durch einen Schlaf verbunden sein darf. Eine Decke trug ich bei mir.
Ich wählte, nach sorgfältiger Prüfung von allem, den Bezirk der alten Schlafhalle, eines langgestreckten Gebäudes, dessen schöne Quadermauern sich noch bis zu Schulterhöhe erhoben. Hier also ward den Kranken, wie einst dem Abraham und dem Jakob, im Traum die Weisung zuteil. Attische Zwergkiefern, zweimal mannshoch, wuchsen jetzt in der Lalle; so gab es genadelten Boden, mir lieb. Der goldgelbe, warme, narbige Baustein der Mauern und Säulen war mit dem Hellgrün der Kiefern zu einem Zweiklang verwachsen, eins nicht mehr ohne das andere. Nach dem Talgrund zu hielt eine Zeile von Säulenstümpfen die Wacht.
Ich schlief gut. Freilich der Morgen war kalt; das übersteht sich jedoch, wenn man weiß, daß die liebe Sonne mit Gewißheit bald wieder scheint. Der Quell, einst ein heiliger Quell, rann in die Nacht. Ich konnte die Brunnenmulde von meinem Schlafort aus sehen. Als es hell war am Morgen, flog eine Schar Ammern herbei, labte sich und stob auf, als ich kam, mich zu waschen. Bienen, zu Dutzenden, umsummten den Quell, stürzten im Eifer hinein und einige waren ertrunken.
Nun kam der Sonnenball über die kiefernbebuschten Höhen herauf. Mein war die kleine versunkene Stadt an diesem herrlichen Morgen, mir zugehörig allein. Hier wollt ich verweilen, lange, nichts vorhabende Stunden, ausgeschlafen, um mit Bedacht gar nichts zu tun, nur einen Morgen an diesem ver-

zauberten Ort zu verbringen. Die Erfahrung hat mich gelehrt: man war an allen Orten nur halb, wo man nur die geheimnislosen Strecken des Tages verbrachte. Es ist nötig, die sich neigenden Abendstunden zu haben, eine schlaflose, prangende Weile der Nacht und den beginnenden Tag. Wenn die Dinge am Abend ihr Müdes und am Morgen ihr Unerfahrenes zeigen, ist es notwendig dazusein.

Das kleine Theater im Amphiareion ist sicher das lieblichste unter allen Theatern im griechischen Land. Zwar, was andern Ortes am besten erhalten ist: das Halbrund der steinernen Sitze, ist hier fast nicht mehr zu sehn. Vielleicht war es nie da, vielleicht saßen die Zuschauer wie in Olympia auf der Erde des ausgemuschelten Bergs. Nur ein unterster Steinring merkte sich ab, energisch und klar, und das Rund des Orchesters, so wartend, so frisch, als wäre erst gestern der Chor zum letzten Male im Kreise geschritten. Und, was ich noch nie mit meinen Augen gesehen: eine Skene, die Bühne des antiken Theaters, war vollkommen da. Sie schien zusammengestürzt gewesen zu sein, aber so, daß sich fast alle Teile erhielten; die Ausgräber fügten sie wieder zusammen wie Baukastensteine. Nun lag sie am Boden, die ganze zierliche Wand, acht dorische Säulen des untern Geschosses, Architrav, Sims und Gebälk und etwas vom oberen Stock, alles feingeschnitten und jung, unverwittert, und alles atmete Frische und war gelungene Form.

Fünf Priestersessel aus weißem Marmor standen am Rand des Orchesters auf Tierklauenfüßen. Ich nahm von einem der Throne Besitz. Sehr feierlich, sehr bequem. Brombeern rankten über Lehne und Fuß. Ein Stein stand dabei wie ein Tisch; die schräge Sonne fiel eben auf ihn und begann ihn zu wärmen. Ich hatte den Plan zu frühstücken. Ich besaß, für die kargen Zeiten, nicht wenig dafür: lockeres einheimisches Brot, eine Menge großer, goldgelber Rosinen, so von Sonne und Süße erfüllt, daß sie harten Zuckerkand ausschieden, dann einen säuerlich duftenden, harten Handkäse, der innen ganz glasig war, und dann, was Vieles ersetzt und das Verschiedenartige ausgezeichnet verbindet: hellrötlich schimmernden Wein, der mit attischem Kiefernharze versetzt war und den ich mir am Tage zuvor im Dorf in eine ziemlich große Flasche hatte einfüllen lassen. Ich sah ein, daß dieser Morgen dazu bestimmt war, die bauchige Flasche zu leeren.

Die Sonne fiel in das Tälchen herein in blaudunstigen Streifen. Wo die brandrote attische Erde der Zuschauermuschel gegen den dröhnendblauen Himmel anstand, wuchs goldgelber Ginster. Waldluft strich über den in sich versunkenen Ort.

Wirklich, es war ein verzauberter Morgen. Die Flächen waren von der Kamille bedeckt, zehntausend unverwandt sonnengerichtete Augen. Platanen dufteten süß und die krüppeligen Kiefern begannen zu schwitzen; ihr Harzduft ist der Liebesduft dieses Landes; nur die Liebe kann ihn bestehn. Auch der Thymian roch stark. Und was für ein Morgengespräch. Dieses Tälchen wußte etwas.

Wildtauben gurrten die ganze Zeit und der Kuckuck rief von weither. Die Lerche war da und die Finken und als es heiß wurde, begann aus dem Quellgrund die Nachtigall zu schlagen, immer von neuem, flötend und lockend, süße Versprechungen, süße; ich glaubte sie ihr nur zur Hälfte.
Auch die Frösche gaben ihre niedrige Meinung dazu. Oberhalb der Ausgrabung war ein Bienenstand mitten im Wald, drei Reihen tönerner Töpfe mit Polsterhüten von Kiefernzweigen und grauen Nadeln bedeckt. Also deshalb trieb sich Melissurgos, der Bienenfresser, herum.
Es war mir lieb, daß das Theater nicht eines der großen war. Es hätte zierlich genannt werden können; aber die mächtige Form des antiken Theaters steckte in ihm wie ein treibender Keim. Das Maßvolle dieses Bauwerks entzückte mich. Ich begann zu jener Zeit die Erfahrung zu machen, die eine wahrhaft griechische ist: daß in diesem Lande alles immer ein wenig kleiner und maßvoller ist, als man es sich vorher gedacht hat. Es ist die Demut der Größe, die rührt.
Das Orchester, das ich zwischen zwei Zügen aus meinem Glase durchquerte, maß nicht mehr als zwölf Schritt. Eine Kammerspielbühne. Lauchstädt also. In diesem mozartischen Runde waren demnach die Chöre geschritten. Hier waren aus Masken die süßen und die entsetzten Lieder ertönt, die der Ursprung des Tragischen sind.
Eine Bachstelze setzte sich auf die Lehne des Marmorthrons, dem meinen schräg gegenüber, wippte

ein paarmal und sah sich ruckweise um. Dann flog sie davon.

Mich kam die Lust an, mir mit Hilfe des hellroten attischen Weins ein Theater zu imaginieren. Ein gräßliches durfte es freilich nicht sein an diesem seligen Morgen, dessen schwebendes Gold wie Stufen für niedersteigende Götter war. Die wehende Luft vom Meere herauf war eine Zurede, weiterzuleben.

Ich sah nach, ob sich etwas in meiner Erinnerung fand. Wie gewöhnlich lag es nicht weit. So fielen mir, während ich trank, die Szenen ein, die wir aus dem Phaëton des Euripides kennen; ich hatte sie kürzlich in einem Band Goethe gefunden, denn seiner Tage wurden sie neu entdeckt; sie begeisterten den siebzigjährigen Dichter zu einer Übersetzung und zu einem Entwurf des ganzen verlorenen Stücks.

Nach und nach zog ich den Hergang aus meinem Gedächtnis hervor.

Phaëton, Sohn des Sonnengottes, wächst auf, ohne zu wissen, daß er göttlichen Ursprungs ist. Seine Mutter ließ ihn im Glauben, daß ihr irdischer Mann, der Aithiopenkönig, sein Vater sei.

Das Stück, auf wenig Handlung gestellt, ist wie ein Kristall aus Morgenfrühe und Licht und Jugend gemacht. Morgenglänzen liegt auf dem Werk. Der Anfang spielt vor Sonnenaufgang. Die Mutter hat einen Heiratsplan. Man hört noch nicht, wer das Mädchen ist, aber es kann eine Göttin sein. Der Knabe, noch ganz in dem Alter, das in sich selber befangen ist, noch ganz ohne den Wunsch, in ein anderes Ich zu verströmen, wehrt ab. Er kann nicht den Gedanken ertragen, daß er dann weniger sei als die Braut. Da eröffnet ihm seine Mutter: er sei des Helios Sohn.

Und nun kommt dieses Chorlied. Aus den Versen strömt Jungsein und Kühle. Es ist wie ein Trunk aus einem Morgenquell für den Wandrer, der sich, spätgeboren wie ich, beraubt sieht und das Verlorene dennoch im Nachgefühl stärker besitzt: in dem wilden liebenden Schmerz, der inniger an das Entrissene bindet als kahler Besitz.

Es sind Verse, in denen Tau niederfällt. Noch schlagen die Nachtigallen im Grund — und immer, immer noch schlug sie — aber von den Bergen her tönt schon der Sang der Hirtenflöten und das Geläut der ausziehenden Herden. Vom Meere herauf schallen durchs Morgendunkel die Rufe von Bootsleuten, die Schiffe flottmachen. Alle Laute des Morgenerwachens sind in dem Lied.

»Kaum schon tagt es«, begann also der Chor, und dabei zog er den seitlichen Weg ins Orchester herab, mir gerade entgegen. Ich sah mit Erstaunen, daß dieser Aufzug des Chors unter die nahen Augen des Publikums das Erregendste dieser ganzen Aufführung war. Diese Mägde, phantastisch im Pantherschritt auf weichen filzigen Schuhen, hatten die traumhafte Unwirklichkeit, deren sich das Schicksal bedient, wenn es durch Sendboten in unser Leben eingreift, so wie der Telegrafenbote die Nachricht bringt. Dann sind es Gestalten des Alltags, die plötzlich wie ewige Bilder sind.

Alle Theaterkunst meiner Aufführung war auf diese Chorstellen gelenkt; sie waren atembenehmend und schöner als alle anderen Szenen im Stück. Tanz und Flötenmusik und herrliche Verse kamen zusammen. Bald sang ein einzelner aufflatternd über alle andern Stimmen hinweg, bald sprachen alle chorisch zusammen, so daß das Orchesterrund wie ein Brunnenmund war, wie ein geöffneter Mund, der eine vereinigte Menschenstimme entließ, die es verschmähte, noch Menschenstimme zu sein.

Das Publikum, das nur aus mir bestand, war entzückt.

Da trat Phaëton auf. Der Schauspieler war offenbar jung, handfest, etwas bäuerisch, wie die Dorfjungen. Sein Gesicht konnte ich nicht sehen, denn es war die Theatermaske davor. Ich sah also ein dreieckschmales Gesicht, die Augen sehr schräg, mit der Sprengkraft von Knospen. Die Brauenbögen wie mit dem Zirkel gesetzt. Die Lippen zwei übereinanderhängende Sicheln. Die Stirnhaare hatten fast nichts mehr mit Haaren zu tun, eher aufgefädelte Ringe. Haare und Lippen sehr rot. Merkwürdig. Das Ganze war eigentlich ziemlich weit von einem Menschenbilde entfernt, durchaus und durchum Magie.

Ich sah ein, was ich vordem nicht wußte, daß das Spiel in der Maske viel spannender ist als das Zeigen des nackten Gesichts.

So also trat Phaëton auf, überm Chor auf dem oberen Stockwerk der Bühne. Der Chor verstummte.

Dann begann die Maske zu reden, eine fröhliche Stimme. Phaëton sagte, er wolle am Hochzeitstag zu Ehren der Braut und zum Staunen aller Verwandten über den Himmel kutschieren. Eine einfältige Rede, noch dazu voller Trotz.
Als er endete, hob er die Arme schräg nach oben empor, es sah aus, als wolle er fliegen. Doch es war nur der Beginn einer Geste. Die Maske nämlich, aus leeren Augen, sie waren geschrägt, begann die Bahn der Sonne von Osten übers ganze Gewölb zu verfolgen. Sie beschrieb einen Aufblick, den großen Bogen empor, verhielt in der Höhe, blumengleich flach, stand eine Weile so still – und sank dann traurig und stumm nach vorne zum Boden herab.
Während ich saß und dieses Morgentheater genoß, geschah etwas, das an sich nichts Ungewöhnliches war; Homeros freilich hätte dergleichen als Zeichen der Götter genommen. Nämlich, ich hatte mein Frühstück auf einem Steinbock serviert, der gerade bei meinem marmornen Sessel stand. Dann, weil die Sonne mich blendete, hatte ich Platz gewechselt und war, Flasche und Glas in der Hand, zum entgegengesetzten Marmorsessel hinübergegangen. Milane waren schon mehrfach über dem Tälchen gekreist; ich hatte sie an den gespreizten Schwingenfedern erkannt, die scharf gegen das Himmelsblau standen. Jetzt schoß so ein Weih auf einmal mit Schwingenrauschen herab, ergriff, schlagende Flügel dicht überm Stein, den Ziegenkäs und flog davon, indem er das Stück in den Krallen

festhielt, den Schnabel hackend einschlug und im Flug links und rechts Brocken herabfallen ließ, verschwenderisch, da es ja mein war.

KLÖSTERCHEN DAPHNI

Die alte Straße von Athen nach Eleusis führt durchs Gebirg. Zwischen gelben Hügeln und lichten Wäldern geht es zu einem kleinen Passe hinauf; im Rückblick hat man das übergelaufene Athen. Auf der Paßhöhe findet man einen kleinen Grasteppich vor, rosa Gewölk von Mandelbäumen und Mauern aus byzantinischer Zeit, bröselig, terrakotten. Schwarze Zypressen davor. Es ist ein verlassenes Klösterchen, Daphni genannt.
Am Eingang zum Klosterhof steht eine Zisterne. Während ich auf dem marmornen Brunnenrand saß, bemerkte ich, daß die innere Kante des Troges

Heilige Straße nach Eleusis

von zehn, zwölf polierten Rillen angesägt war. Über den steineren Rand hatte man Jahrhunderte lang das Seil mit dem Schöpfeimer gezogen; so

Kloster Daphni

waren geschliffene Züge entstanden. Sie waren so tief, daß es möglich war, zwei, drei und sogar alle vier Finger der Hand in die Enge der kleinen Klüfte zu senken. Der Marmor war rundlich geschliffen, warm und lebendig wie Fleisch. Sein bläuliches Aderwerk war wie an einer Schläfe zu sehn.

Da sah man die Zeit und auf einmal sah man nichts weiter als sie. Dieser Schliff war das Addierte unzähliger Tage. Durst, vielmals gestillt und Leben gelebt, Seil wie Atem gesenkt und gehoben, hatte nur dies hinterlassen. Vom Mahl des Vergessens war nur dies Eine unaufgezehrt und übrig geblieben, der Butzen vom Apfel, Spelz ohne Korn, eine Hohlform, die von niemand beabsichtigt war; sie war bis zum Rand mit Zeit angefüllt.

Da war sie wieder, die Summe: nicht Gebautes, sondern Vertieftes. Nicht das Geleistete, sondern die Spur.

In die Kirchenwand ist, jetzt zwecklos, ein glänzendweißes Säulchen mit einem fröhlichen ionischen Kapitell unter einem Zwillingsbogen verbaut. Das antike Erinnerungsstück befindet sich in einer seltsamen Lage: bestimmt, frei im Sonnenlichte zu stehen, ist es nun ins Gemäuer geklemmt. Es scheint zu ächzen, und es hat Grund, wenngleich nicht in dem Goetheschen Sinne, daß es, einst weltfroh, jetzt in den weltlosen Dämmer einer Christenkirche eingesperrt sei. Denn während die Seilgeleise entstanden, ist hier immer wieder zerstört und aufgebaut worden: erst war der Apollontempel, danach ein frühchristliches Kloster, danach hatten sie diese Kuppelkirche mit den wunderbaren Mosaiken gebaut, danach waren die Franken gekommen, hatten die Mönche vertrieben, wurden selber vertrieben, dann kamen wieder die Mönche, dann gingen die wieder und alles verfiel. Jetzt hat ein seltsamer Bauherr, die Denkmalpflege, das Ganze wieder auf die Beine gestellt, so daß die Uhr noch einmal aufgedreht ist, nicht zu wirklichem, sondern zu Scheinleben: — das war die letzte melancholische Strophe des Lieds der Vergänglichkeit, das dieses Bauwerk nach Ruinenart sang. Aber das kennen wir ja.

Die marmornen Gleise maßen eine andere Zeit: die es immer gibt, täglichen Tag, Leben der Mütter, Herzschlag, Geschäft. Nichts geschieht, nur was immer geschieht. Zeit, die das Saatkorn weiß, wie lange es liegen und wann es aufgehen muß, Zeit, die zur Geburt treibt, Zeit, die es macht, daß Tage und Jahre beim Älterwerden sich immer kürzer bemessen. Zeit, die nichts als leben und Leben hervorbringen will, Zeit, die nur zeitigt. Nicht Zeit, die sich erfüllt. Heil dem Geschichtslosen. Ach, welche Wohltat: Geschichtslosigkeit. Das sind die, die es hinter sich haben. Kleine Kinder, Mütter, Morgen, Abend, der Acker, die Frucht: weiter nichts. Glitzernde Meerstille. Der Himmel ein strahlendes Totengewölb.

Aber die Fliehkraft. Aber die Sehnsucht, aus dem Ring der Zeit, die nur zeitigt, ausbrechen zu dürfen und in Zeit zu gelangen, die sich erfüllt. Das ist, weshalb neben Brunnen Klöster und Städte gebaut, zerstört und wieder aufgebaut werden. Die Gottheit bedrängen, daß sie erscheine: das ist, weshalb Geschichte geschieht; die Sehnsucht der Völker drängt darauf hin, ob sie es wissen oder nicht wissen, leugnen oder nicht leugnen, und meistens sieht es wahrhaftig nicht nach Gottsuche aus. Aber in das gräßliche Abenteuer Geschichte stürmen sie nur, damit er ihnen erscheine; es ist ihre Hoffnung und zugleich ihre Angst. Geschichte, das große Ereignis; es führt an die Schwelle des Todes und da *muß* Gott doch erscheinen. Deshalb ist Aufbruch. Immer verlangt sie, das Reich zu errichten, das festgegründete, endgültige, herrliche Reich; immer der letzte Krieg und dann der immerwährende Frieden: das spukt noch in den greulichsten Falschbildern nach.

Sie suchen das Heil und sie führen Unheil herbei. Denn schwerlich in den errichteten Reichen findet sich Gott, schwerlich in Ordnungen, schwerlicher in Hierarchien. Vielleicht, vielleicht in den Zusammenbrüchen wird man ihn finden. Geschichte sucht Gott zu beschwören, aber das geht einmal nicht. Geschichte hält auf. Auf ihrer Rückseite, hinter den Brückenpfeilern die Konkavitäten, die Strudel: da vielleicht ereignet es sich. Aber dann schießt alles bald wieder zusammen.

Wir warteten am Athener Untergrundbahnhof, um in den Piräus zu fahren, und waren von wollhaarigen Bettelbuben umschwärmt, die schuhputzen wollten und lauter Sachen feilboten, die wir keinesfalls wollten. Auf einmal sahen wir an einem Pfeiler ein kleines Mädchen stehen, vielleicht fünf Jahre alt. Das erste, was ich an ihr wahrnahm, war ein Schwall blonder Locken, der unter dem Hütchen vorquoll. Dann sah ich Augen, grau wie die Nordsee, ein helles Gesicht und ein sommersprossiges Näschen. Sie hatte einen kleinen Reisekoffer neben sich stehn, trug einen Flauschmantel und hielt einen Apfel fest in der Hand. Es ging eine salzige Frische von dem kleinen Geschöpf aus. Über ihr schob sich ein Stück klaren Himmels einher. Sie war Andersens Märchen entstiegen.

Wo kam nur das Kind her? Im Geschrei des ungewaschenen kleinen Gesindels war sie schüchtern und still und schien die entführte Prinzessin zu sein. Wir beugten uns zu ihr hinunter, wir versuchtens mit englisch, mit deutsch, aber nein, sie sprach griechisch und kein Wort außerdem. Auf die Frage, woher sie denn komme, sagte sie immer dasselbe unverständliche Wort und nickte freundlich zum Nachdruck, damit wir es endlich verstünden. Spät begriffen wir es. Dania hieß es. Eine kleine Dänin war sie.

Wie sie denn heiße?

Anna.

Wie noch?
Petersen.
Anna Petersen mitten im Krieg in Athen.
Ob sie denn ganz allein sei?
Sie wartete auf ihren Vater, der Fahrkarten löste.
Wohin sie denn wolle?
Nach Aigina. Ihr Vater war ein dänischer Schiffskoch, der sich auf Aigina festgesetzt hatte, ihre Mutter war Griechin.
Von Aiginas Inselgöttin, der Nymphe Aphaia, weiß man nichts Rechtes zu sagen. Vielleicht gehört ihr der Tempel, der die Insel so beliebt und bekannt gemacht hat, vielleicht nicht; die Archäologen verleihen die Heiligtümer freigebig wie Fürsten, ziehen sie aber auch geschwind wieder ein. Wie dem auch sei, für mich sieht die Nymphe Aphaia für immer wie Anna Petersen aus.

AIGINA, DER TEMPEL

Als das Schiff sich Aigina näherte, türmten die blauen Berge der Peloponnes sich aus blauem Meere empor, als führe man in einem Fjord. Stadt und Hafen taten sich auf als leckeres Eirund. Die Häuserzeilen hinter den Segelmasten waren bunt wie Spielzeug, wenngleich ein bißchen kaputt. Auf der Hafenmole kauerte eine Kapelle, schneeweiß gegen die tiefblaue See. Die Boote lagen auf dem Hafenwasser wie auf Glas.
Herr Welter, Doktor der Archäologie, besaß auf

der Insel ein Haus. Man konnte durch ihn erfahren, daß die Lust, in diesem Lande zu leben, sich auf die Dauer nicht mindert, sondern zur Leidenschaft wird, die andere Wünsche verdrängt. Der Tag, der Meerwind, das Licht erschien ihm so festlich wie uns, die es mit junger Liebe erblickten; er sah nicht weniger, wie es an gewohntem Orte wohl ist, sondern besser und mehr. Abende an seinem Tisch dauerten leicht bis zum hellblau und rosa dämmernden Morgen; er nannte sie gerne saronisch, wie die Bucht zwischen dem Festland und Aigina heißt: das Wort war ihm zu einer Vokabel ganz allgemeiner Auszeichnung geworden, so daß er bei köstlichem Abendlicht von einem saronischen Licht und bei Menschen nach seinem Geschmack von einer saronischen Runde sprach. »Ich werde gern alt«, sagte er einmal, »Altwerden in Griechenland ist ein Gottesgeschenk. Das sage ich, der ich nächstens dreißig Jahre in Griechenland bin.«

Zum Tempel läuft man ein paar Stunden hinauf. Es ist eine liebliche Landschaft mit Tälern und Höhen. Von einer Schwelle blickt man in ein silberglänzendes Ölbaumtal. Jenseits, von einem Hügel, den hellgrüne Kiefern bewipfeln, schimmern die Säulen.

Ich stieg diesen Hügel hinab durch Gebüsch und Gestein, von Harzduft bedrängt, trat aus den Bäumen und stand vor der Tempelruine. Sie war eher klein, fast gemütlich zu nennen. Die Farbe bräunlich mit einer Spur Rot, was dem Stein etwas Durchblutetes gab; man sah ihn mit durchsonntem

Blau des Himmels zusammen. Die Höhe des Tempelhügels war geringer als andere Hügel und niedrig im Vergleich zu dem Gipfel, der dem Zeus geweiht war. Es war nicht zu erkennen, warum gerade an dieser Stelle die Tempelstatt war.
Es war sicher, daß der Platz noch immer Kraft und Strahlung besaß. An die kurzen Stunden, die man an so einem Orte verbringt, wird man sich Jahre, Jahrzehnte, ein langes Leben erinnern, wo doch so viel Tage und Wochen ins Wesenlose zergehn. Am Schluß ist das Leben nur eine Summe aus wenigen Stunden, auf die man zulebte. Sie sind; alles andere ist nur ein langes Warten gewesen. Da, ein Samenkorn fiel. Aufging der Erinnerungsbaum, wuchs und wölbte die Krone; sie zittert im Ewigkeitswind. Kraft eines Wurfs. Welcher Säemann warf?
Tiefe Stille und Einsamkeit. Aus dem Gebälk wuchs ein Erikabusch und ließ sich vom Mittagswind zausen. Waldameisen waren geschäftig, der Tag roch nach körperlich Heißem. Ein Flugzeug fuhr über den Himmel. Zuweilen rauschten die Kiefern im Wind.
Ein Junge trabte barfuß vorbei, drei Schafe vor sich. Er blieb stehn, und da er mich einem Gespräch nicht abgeneigt sah, trug er mir die Summe seines Nachdenkens vor: das Schaf sei das Beste. Es gebe Milch, dadurch Käse, also zu trinken und essen; einmal im Jahr komme Wolle für Kleidung dazu und zu Ostern das Junge. Das Schaf sei das Beste. Auch mir waren diese Umstände bis dahin nicht

verborgen geblieben, wiewohl ich nicht leugne, daß sie mir nunmehr in neuem Lichte erschienen. Dann verließ er mich wieder; er hatte alles gesagt.

Während ich auf dem rauhen und heißen Stein im Schatten der Zwergkiefern lag, glitt mir aus der Tasche das Messer, fiel auf die nächste Tempelstufe herab und erzeugte im Stein einen kurzen, ganz klaren Klang, wie von einem Gong. Jetzt, nach Jahren, hab ich den Ton noch im Ohr.

Jeder griechische Tempel hat aus dem Ruin etwas Besonderes gerettet. In Aigina ists der Altar, der sich unvergleichlich erhielt. An der Tempelpforte beginnt eine Steinrampe und führt in sanftem Gefälle zur Gründung des Opfertisches hinab. Schier kann man den Rauch der Brandopfer aufsteigen sehen. Die Schwaden treiben über Hügel und Täler aufs Meer und weithin erkennt man die Zeichen der schmausenden Göttin.

THRON DES ZEUS

Von der Stadt Aigina bis zum Oros, dem Inselberg, führt eine Uferstraße dem Meere entlang. Man hat immer den Anblick der peloponnesischen Berge, die sich, blau über Blauem, jenseits des Golfes auffalten.

Die griechische Landschaft ruht ganz auf dem Blau. Blau sind Gebirge, Wasser und Himmel, und das ist in Griechenland alles. Also, wer blau liebt, ist hier am richtigen Platz.

Blau ist die Seele der Farben. Zwei von den vier Elementen sind blau: die Luft und das Wasser; es sind, im Vergleiche zum Feuer, dem Geist, und zur dunklen, nährenden Erde die kühleren, flüchtigen, seelenhafteren Stoffe der Welt. Blau ist die Sehnsucht, die Ferne; wir hoffen und vertrauen auf blau; blau ist, was wir niemals erreichen, blau steht am Ausgang der Welt.

Das Rote dringt an; Feuer übermannt uns, Lohe schlägt uns entgegen, Sonnenstrahl trifft und Blitz droht auf uns niederzufahren. Blau ist unsere reinste Gegenbewegung; es ist unser Hinüberlangen und -bangen. Deshalb ist schmerzliches Ziehen im Blau, es findet kein Ziel und kein Ende.

Die Antwort der Erde auf die Sonne ist blau: Meer, Himmel und Ferne. So erst wird Feuer zur Helle. Licht ohne das Blaue: wie das ist, das zeigen die Mond- und die Stratosphärenaufnahmen. Also, was wäre das Licht ohne der Erde Sehnsuchtsverlangen? Ein Ruf, der im Weltraum verhallt.

Dem Blau erfanden die Griechen einen eigenen Gott: Glaukos Pontios, den Gott der Meerbläue.

Das Dorf Marathona ist auf einen Erdkegel am Rande der Berge gebaut. Mit Sorgfalt ist der Fleck bestellt, bis an die Felsen, die sich hinter den letzten Halmen erheben. Wie mit dem Stift ist die Grenze gezogen, die das Reich Pans von dem Reich der Demeter trennt: Wildnis und Acker. Das Dorf besitzt viele Brunnen, Steintröge, in welche das Schaufelrad eingebaut ist. Ein Eselchen, an eine Zugstange gebunden, lief rundherum. Die Augen waren ihm mit einem Sacke verhängt. So ein Esel marschiert ohne Klage zehn, zwölf Stunden am Tage im Kreis; rutscht aber der Sack von den Augen, so bleibt er unverrückt stehen. Was er tun muß, läßt sich nur in Blindheit ertragen. Nicht selten ist solchen Eseln vom Rucken der Stange das Fell durchgequält. Dann sitzen auf blutigem Fleisch schwarze Fliegen. Die Karte von Griechenland, die ich im Kopf trage, weist eine Anzahl von Kreisringen auf, wo ich solchen gequälten Eseln zusah.

Mehrmals versicherte man, es sei nur noch eine halbe Stunde zum Gipfel. Wenn ich dann eine Stunde gelaufen war, war es immer noch eine. In Wirklichkeit waren es drei. Das ist hier so. Auskünfte haben weniger den Wert einer Information als den eines Trosts. Ein Grieche sagt niemals: nie, höchstens avrio, morgen. Avrio ist ein Zauberwort, es bindet und löst. Es kann heißen: sicher, vielleicht oder nie. Ein so altes und kluges Volk wie die Griechen weiß, was ein Wort ist: etwas, das in jedem Augenblick neu gefüllt werden muß.

Der Oros mit dem Altar des panhellenischen Zeus ist ein pyramidaler Gipfel, der die Insel steil überragt. Er ist Aiginas Zeichen. Man sieht ihn von Athen, von Korinth und weiter vom Meer.

Am Fuße des letzten Gipfelanstiegs steht man vor antikem Gemäuer: klassische Quadern, die eine Terrasse abstützen. Eine linde Treppe führte hinab. Herr Welter, der Ausgräber, vermutet, Priester und Pilger seien von hier aus zum Gipfelopfer gezogen. Obgleich also gar kein Heidentempel hier stand, hat sich eine Kapelle, wie sie überall Götterorte versiegeln, auf die Heidenmauern gesetzt, sicher ist sicher, und hockt da wie jemand, der die Wette gewann.

Man steigt zuletzt ohne Weg über felsige Halden. Ich klomm über den Gipfelrand und betrat ein abgeplattetes Rund. Tausend Gesichter von Gänseblümchen strahlten mich an. Steil ging es nach allen Seiten hinab. Die Sonne schleuderte Licht. Bergwind. Die Kapellentür schlug.

Wirklich, hier war des Zeus Thron. Dem Gott, der hier wohnte, lag die Erde zu Füßen: da war sie hingeschmettert im Licht. Rings um den Berg die Hügel der Insel, klein geworden, und die Häuschen, die Bucht mit Hafen und Stadt, alles leicht mit dem Blitze zu treffen. Ein zweiter Kranz: das Meer, ein dritter: die Berge Attikas, der nahen Kykladen, der Peloponnes. Die blauen Ketten stürzten ins Wasser und tauchten wieder empor. Da die Sonne im Mittag stand, stob das Meer von Millionen glitzernder Funken.

Über dem Gipfel kreiste der Geier. Sein Schatten huschte zwei, drei Male vor meinen Füßen dahin. Der Mittagswind war ein glühender Hauch.

In den Bauerngärten der Insel Poros sah ich nach so vielen Jahren zum ersten Mal wieder blühende Granatapfelbäume. Ich ging in einen der Gärten und bat mir von der Bäuerin einen Blütenzweig aus. Sie brach ihn und überreichte ihn mir. Nichts

Am Isthmus von Korinth

hat mich so sehr an dem ganzen griechischen Wiedersehen gefreut wie dieser feuerflammende Zweig. Ich liebe am Granatapfel, daß die Züchtung an ihm vorüberging; er ist so, wie er immer war, ein Landkind, ein Wildwuchs. Das Blattwerk sieht etwas ungekämmt aus, Kraushaar; an einem spannenlangen Zweig können dreißig und vierzig kleine Blätter ganz unordentlich stehn. Der ganze Baum hat etwas von einem Gebüsch. Dieser Busch, wie er dasteht, ist ganz und gar von Blütenwundern beflammt, als wären Feuerflocken vom Himmel gefallen. Der Dornbusch brennt. Es ist an alles gedacht: das Laub ist hellgrün, damit die Blüten heller und flammenhafter erscheinen. Die ledernen Kelche sind lackrote Etuis. Sie öffnen sich in sechs Zacken: da flammen die Blütenblätter hervor. Scharlachrot. Immer bleiben sie knittrig wie Flügel von Schmetterlingen, die noch nicht lang ausgeschlüpft sind, und so zart, daß sie eigentlich nichts sind als ein momentaner Aufenthalt für das Licht. Gegen den Himmel muß man sie halten: wie sie aufsprühen!

In dieser Blüte ist etwas ganz Paradoxes vollbracht: das Augenblickliche, das keine Dauer verträgt, das Unhaltbare ist dargestellt worden. Deshalb ist der Granatapfel das uralte Sinnbild der leidenschaftlichen Liebe, die niemals Besitz ist; denn lieben, glauben und uns verstehn können wir immer nur in Momenten. Der Aufschwung des Vogels ist unser Modell: er muß immer wieder herunter. Und kein Mensch weiß: sind diese Feuerflocken vom Himmel gefallen oder schießen sie aus dem Innern hervor.

KORINTH

Auch über das ausgegrabene Korinth wächst schon wieder das Gras. Zwischen den Marmorblöcken weideten Ziegen, brütete Sonne, blühte der Klee. Durch die Decke des Römerzeitlichen, dem

man zuviel Ehre antat, als man es ausgrub, denn es ist nur mittelmäßiges Zeug, ist Althellenisches wieder ans Licht gekeimt. Nur an ein paar Stellen: die aber heben das eingebildete Monumentale aus dem Stand wie geklebte Attrappen.
Zu einer Quellengrotte steigt man Stufen hinab. Das Auge, durch Überhelligkeiten verwöhnt, ertrinkt im kavischen Dunkel. Ich stand still und lauschte. Ein heller, glöckchenhaft sickernder Ton fing sich rein im Gewölb, Klang von fallendem Wasser. Ich schaffte mir Licht und erkannte zwei Löwenköpfchen aus archaischer Zeit, Bronze, so

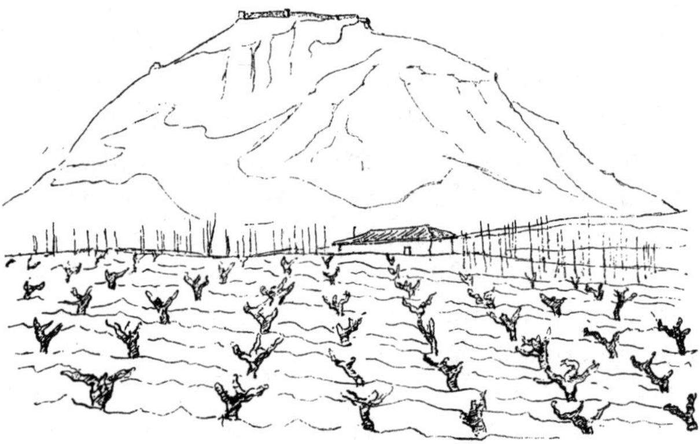

Akrokorinth

groß, daß ich jedes von ihnen in der hohlen Hand bergen konnte. Noch immer spendeten sie ihren Strahl, unverdrossen, mit beharrlichen Stimmchen, über alle Zerstörung hinweg.

Da wir in einem Jahrhundert des Aufbrauchs und der Zerstörungen leben, nehmen wir solche überlebenden Dinge ans Herz. Wir spüren das Tapfere;

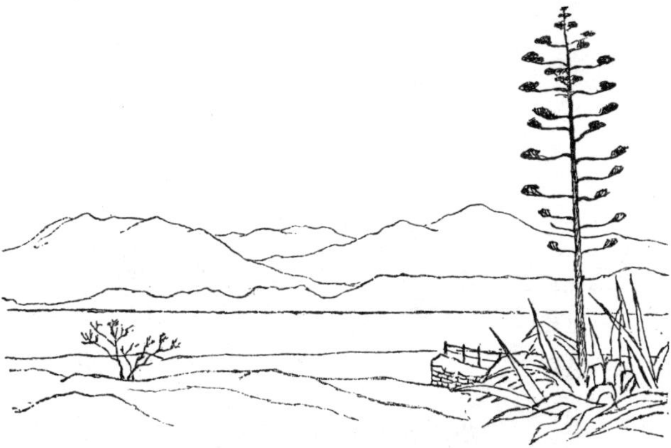

Bucht von Korinth und Helikon

schließlich, es ist kein Vergnügen, übrig zu bleiben und unter Trümmern und lauter Freunden, die nicht mehr da sind, zu leben. Mit einem Mal kommt es dann auf die Schwächeren zu; weil nichts Rechtes mehr ist, sehen sie sich in die erste Linie gerückt, müssen in Lücken eintreten und Rollen spielen, an die sie im Traum niemals dachten. Ihre Schwäche wird zum offenen Skandal.

Auch der Apollontempel mit dem Blick nach Delphoi hinüber hat mit ein paar Säulen gehalten. Sie stehen in tiefwarmem Braun gegen den leinblauen Himmel und sind überraschend stumpf, kurz, erdhaft, haushaft. Kein anderer griechischer Tempel ist so sehr Wohnung, so dachbeschirmtes, behütendes Haus.

Apollontempel von Korinth

Ein paar Dorfkinder kugelten sich im Tempelschatten im Gras, ich wechselte ein paar Sätze mit ihnen. Immerhin, es waren noch die Worte Homers Auch sie hielten aus.

MYKENAI

Majoran, Wildkraut von stark nährwürzigem Duft, hat sich des armseligen Trümmerhügels bemächtigt. Er blühte und duftete sehr. Ich lief bis zu den Knien in seinem Gewucher; der Wind wühlte drin.

Die Ebene von Argos lag wohlbestellt da, in einem Kranz von Gebirgen, die sich zu schneeigen Gipfeln erhoben. Nur zwei Farben: Saatengrün und das edelsteinerne Blau. Berguft wehte. Eine Luft wie am Inn im Voralpenland. Hügel an Hügel. Zum Burgberg hinüber, der in seiner maßlosen Zerstörung etwas Verfluchtes hat, blickte ich über ein Kornfeld hinweg. Helles Grün, über das der Morgenwind lief, war von blutrotem Mohn übertropft. Königskerzen wankten im Licht. Majoran, Majoran. Ein Hirtenjunge, den ich samt seiner Herde nicht sah, schmetterte in den Morgen hinein seinen taumeligen Singsang, den er ab und zu unterbrach, um mit Schreien seine Herde zurechtzubringen. Hinter dem Burghügel stieg die graue Felswand des Zara empor, zu halber Höhe von Ginster beblüht, dann trostlos und nackt.

Mykenai: beim Grab des Agamemnon

Welcher Hügel konnte es sein, vielleicht der, auf dem eine Steineiche und weißer, hüfthoher Asphodelos stand, auf dem der junge Orestes, aus der Fremde heimkehrend und noch von niemand erkannt, dem ermordeten Vater das nächtliche Toten-

In der Argolis

opfer gebracht hat? Da kommt morgens Elektra zum Grab und sieht, daß irgend jemand hier opfernd und betend geweilt hat. Sie erkennt die Bäche verschütteter Milch, sieht frische Blumen und einen Haarschwall, eine dargeopferte Strähne. Die sieht aus wie ihr eigenes Haar. Plötzlich weiß sie, daß es das Haar des Bruders sein muß, den sie niemals gesehn hat und der nun gekommen ist, um den Vater zu rächen.

Am Grab Agamemnons. Diese Höhle besitzt eine starke Magie, sie ist sicher eine der zauberkräftigsten Zellen der Welt. Wie der Burgberg ist sie von der Phantasie der Menschheit wie von einem

Dohlenschwarme umflattert, den etwas erschreckt. Ich erinnere mich, mit welcher Begierde ich als Knabe auf eine Abbildung dieses Gruftgewölbs starrte und mich danach sehnte, es eines Tages zu sehen. Jetzt spüre ich diese Ausstrahlung nicht mehr so stark; wir sind ja in den Knabenjahren am empfänglichsten für die Zauberansprache der Dinge. Wann später, wenn erst das Gerede mit den Menschen beginnt, führen wir noch mit Wald und Höhle ein so leidenschaftlich vertrautes Gespräch?

Also, ich stand in dem ungeheuerlichen Totengewölb, auf Sand, was dem Schritt etwas Geisterhaftes verlieh, während sonst jeder Laut hallte. Ich war von Dämmer und von Gebautem bedrängt; über dem Kopf schwang die Wölbung

In der Argolis

nicht mehr recht erkennbar zusammen. Das Gehäuse konnte ein Bienenkorb aus Riesentraumwelten sein.
Auf einmal bemerkte ich, daß der Vergleich Bienenkorb in der Sache selbst lag. Bienen nämlich erfüllten den runden Raum mit Gesumm, eine große wollige Art. Das Summen war stark und wurde vom Stein so gehalten, daß die Wölbung von gedämpftem Orgelbrausen erscholl. Sie fuhren in heftigen Kreisen wie auf einer Rennbahn umher, oder als hätten sie sich verflogen und suchten in zorniger Aufregung den Ausgang wiederzufinden. Aber das konnte keinesfalls sein, denn am Tor in der langen tiefeingeschnittenen Gasse herrschte gerade der meiste Verkehr; dort sah man sie in beiden Richtungen sausen. Es soll immer, alle Sommertage, so sein, wie man mir im Dorf auf meine Frage erklärte.
Welche Verbindung besteht? Halten die Geflügelten das Totenhaus für einen Korb nach ihrem Modell, ins Kolossale gesteigert? für ein Gotteshaus, das ihnen jemand erbaute, eigens für sie, im Bienengeschmack, um ihnen entgegenzukommen, einen Bienendom also, damit sie im Kühlen aus und ein fliegen können, wie der Bürger seine Kathedrale besucht?
Vielleicht. Sieht doch jeder die Welt, als wäre sie für ihn im Besonderen gemacht. Der Majoran, der mir die Sinne durchdrang, schien mir ja auch gewachsen zu sein, um mir die Stunde zu würzen.
Urstimme der blühenden Bergwelt. Auf einige

Goldscheiben, die Schliemann in den Burggräbern fand, sind auch solche Bienen geprägt. Sie sind es, dieselben. Wappenhaft füllen sie das Rund aus, Urahnen der Schwärmerinnen des gegenwärtigen Sommers, lebendige kleine Siegerinnen über die Zeit. Botinnen, Zeuginnen; ihr Gesumm ist die Stimme der immer wiederkehrenden Zeit. Wie sie in diesem Totenmal summen, sind sie im eigenen Kreise gefangen, schmerzlos, kummerlos, sorglos, schuldlos und sicher begnügt.

Wenn sie sich das mykenische Gruftgewölb für ihre kultischen Rundflüge aussuchten, haben sie keinen schlechten Schauplatz gewählt. Die Mythe, die schreckliche Mythe von Atreus' verfluchtem Geschlecht, ist auch auf das Zeitrad geflochten.

Dorf Karwathi bei Mykenai

Auch sie kehrt immer wieder. Mythos geht um. Nicht Untat ist Mythos, sondern wiederkehrende Untat; eine Tat mit dem Fluch, revenieren zu müssen. Ein Ereignis gerät aus dem Strom abseits in den Wirbel und kreist. Mancher Heimkehrer ist Agamemnon, dort Sieger, hier längst ein Besiegter; manche Kriegerfrau Klytaimnestra, auch wenn sie nicht gleich den Gatten erschlägt. Und als Orestes sind wir alle geboren: zwischen zwei Schulden.

Unsere Sehnsucht geht aber auf das Unwiederholbare hin, das nur einmal geschieht. Das wahre Ereignis kehrt niemals wieder, es geschieht unterm Prägdruck der Erstmaligkeit, wie der Tod, wie die Liebe. Ein Widerfahrnis kann immer nur einmal, solang die Sterne kreisen, geschehen; dann verzeichnen wir: erstes Mal, niemals wieder. Nur wenn wir solcher Ereignisse teilhaftig werden, stehen wir außer der Zeit.

Welcher Widerspruch, daß unsere Geburt der sich wiederholenden kreisenden Zeit zugehört, unser Tod aber der Einmaligkeit. So hat unser Leben Anfang und Ende und beides ist aus gänzlich verschiedenen Stoffen gemacht. Unser Leben ist aufgehängt an zwei Sorten von Zeit, die nichts Gemeinsames haben.

Aber vielleicht ist dies das Geheimnis: Zeit wird uns gewährt, um der Zeit zu entrinnen? Wir bekommen ein Stück Zeit zugeworfen wie eine Strickleiter; möglich, daß wir sie nutzen und dem Gefängnis entfliehen. Ein Stück Zeit mitessend verwandeln wir uns oder wir habens vertan.

Der Inachos, der die Ebene von Argos durchfließt, ist nicht gerade ein Fluß in unserm Sinn, nur ein lebensvoller Gebirgsbach. Er wälzt sich in einem breiten Wildbett, das gut den Lech oder die Isar aufnehmen könnte. Mir fiel ein, wie ich einmal als Kind mit meinem Vater im Siebentischwald bei Augsburg spazieren ging. Als wir über den starkfließenden Brunnenbach kamen, der dort entspringt, aber in Augsburg schon Fabriken und Mühlen treibt, sagte ich etwas von einem Drecksbach. »Was!« rief mein Vater, »Drecksbach sagst du? Wenn der in Griechenland flösse, spräche die Welt von ihm! Die Griechen hätten ihn nicht einen Bach genannt, auch nicht Fluß, sondern Strom; er hätte einen eigenen Gott, und Götter- und Heldengeschichten würden von ihm erzählt!«
Ein Dorf lag am Weg. Es war Sonntag, die jungen Leute standen zusammen und grüßten. An den Hauswänden saßen die Alten. Sie ließen uns nicht vorüberziehen, wir mußten uns zu ihnen setzen und mit ihnen die wichtigen Themen behandeln: Wetter, Ernte und Krieg. Ob er bald zu Ende sein werde? Wir zuckten die Achseln. O Theos monos to xeri, Gott weiß es allein, sagte ein Alter, deutete mit dem Finger nach oben, nahm das Käppchen vom Haupt und machte das Kreuz. Alles schwieg eine Weile. Dann wurde aus einem Haus ein Krug hellroten Harzweins geholt, zwei Gläser mit Wein ausgewaschen, dazu kam ein Teller mit Stücken

von weißem Schafkäse. Allmählich umgab uns das halbe Dorf, die Kinder voran, im Kreise dahinter die Halbwüchsigen, dann die Mütter mit den Kleinen auf den Armen; wie im Dorfzirkus. Wir fragten den Kindern die Namen ab. Ein kleiner Dicker schrie, kaum daß er dran war: »Wasili. No mangeria!« Alle brachen in Jubel aus. No mangeria war die Parole, wenn die italienische Besatzungsmacht zur Beschlagnahme kam.

Am Saum der Berge liegt das Heraion, das uralte Hera-Heiligtum, das man nur zu Fuße erreicht; man läuft von Mykenai über die saatgrüne Ebene von Argos fünf Stunden. Nichts mehr steht von Säulen und Giebeln. Nur die Terrassen liegen noch da, auf denen die Tempel der Göttin einst ruhten, und ein Rest der gewaltigen Treppe, die aus der Ebene hinauf zum Heiligtum führt.

Nur die Terrassen also. Aber gewaltig gefügt aus herbeigewälzten zyklopischen Blöcken und hingebreitet dem Himmel. Der Sockel des obersten Tempels lag wie ein Göttertisch da, als hätten soeben die Olympischen daran Mahlzeit gehalten, der Opferdampf sich über die Berge zum Himmel gewölkt und als sei das gewaltige Lachen des Götterschmauses noch gar nicht verhallt.

Ein Hirtenbub kam herzu. Er trug den Kreuzstock und hielt ihn, während er sprach, in die Achselhöhle gestemmt. Wie er da so dreibeinig stand, machte er ein bukolisches Bild. Tausend Jahre verrauchten an ihm, wie Berggipfel Wolken auflösen. Da er annahm, daß ich seine Sprache nur unvollkommen verstand, womit er recht hatte, schrie er mir seine Rede ins Ohr; er unterschied nicht zwischen Unkenntnis der Sprache und Schwerhörigkeit. Dann, nach einer Weile, besann er sich, winkte auf griechische Weise mit nach unten schlagender Hand, nahm mich am Ärmel und ging mir voran über Terrassen und Stufen hinweg, an gestürzten Säulentrommeln und verwitterten Tempelgesimsen vorbei; sie waren von Klee überblüht. Vor einem Stein, der halb in die Erde gesunken und von einem über und über blühenden Glockenblumenbusche verdeckt war, sah er mich bedeutungsvoll an, drückte dann das Gesträuch auseinander und ich erblickte, in Stein gebildet, ein uralt liebliches Taubenpaar. Heilige Vögel der Hera. Während ich noch entzückt schaute, sah mich der Knabe vermahnend an, und indem er den Finger auf den Mund legte, schlug der blauschwankende Blumenbusch über dem Hirtengeheimnis zusammen.

Am Fuß des Tempelhangs, wo die grüne Saat an die Berglehne stieß, ist der Schauplatz der schönsten von des Herodotos Geschichten. Kleobis und Biton waren Brüder. Ihre Mutter war Hera-Priesterin in dem Heiligtum, das hier war. Das Jahrfest der Göttin wurde begangen. Als es soweit war, fehlten Zugtiere. So spannten sich die beiden Knaben selbst vor den Wagen und zogen die Mutter durchs grüne Tal dem Tempel entgegen. Von diesem Beweis der Kindesliebe gerührt und von mütterlichem Stolze durchdrungen, flehte die Priesterin Hera an, sie möge den Knaben gewähren, was für

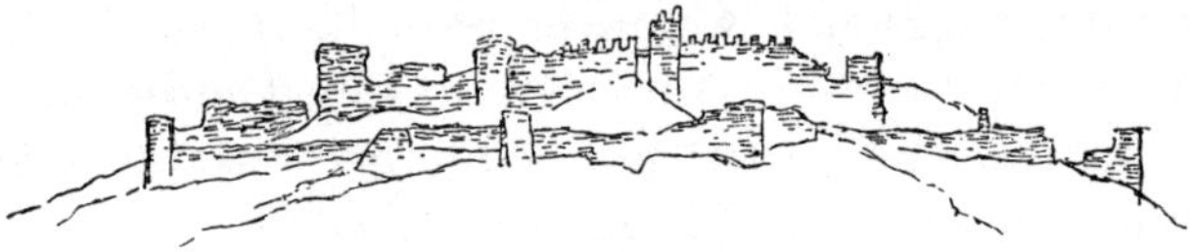

Burg von Argos

die Sterblichen das Schönste sei. Da sanken die beiden, von der Gnade der Göttin getroffen, tot in den Geschirren zusammen.
Also kann es mit unseren Begriffen von der griechischen Daseinslust nicht so ganz stimmen.
Unter den Tälern, Flüssen, Gebirgen und Städten der Welt besitzt jeder Mensch welche, an denen ihn ein Heimatgefühl überkommt, eine Gewißheit, dort von jeher zu Hause zu sein. Dann ist es, als sei man schon einmal an diesen Plätzen gewesen; ein Ererinnern, nicht erfahren, eingeboren, scheint den Vorhang des Lebens, der alles Wissen von vorher und nachher verdeckt, für Augenblicke zu lüften. Die Terrassen, die über dem Fruchtland von Argos im Lobgesang hingen wie Tennen, erschienen mir so.

HERAKLESLAND

Herakles: dies ist sein Land. Überm Golfe liegt Lerna, wo er die Hydra erschlug, in den Bergen Nemea, wo er den Löwen erwürgte, und die Sümpfe von Stymphalos, wo er mit den eisernen Vögeln focht.

Weiß Gott, wer aus Herakles den Schwergewichtler und Muskelmann machte, als der er meist dargestellt wird. Für sein Land war er Siegfried. Das kann man am besten in Olympia sehen, wo er vielfach im Bilde erscheint. Er ist schlank, nicht einmal groß, ein gymnastischer Jüngling, gar kein Athlet in unserem Sinn. Er läuft ja der Hirschkuh mit den goldenen Hörnern ein ganzes Jahr lang über Berge und Schluchten bis ins Hyperboreerland nach; also ist er geschwinde. Den Knöchelschlanken nennt ihn Hesiod, also ist Anmut in ihm. Anmutig der Held aller Helden. Einmal hat er zwei böse Buben gefaßt, hängt sie ergrimmt an seinem Stock auf, einen vorn, einen hinten, die Köpfe nach unten, und trägt sie über der Schulter davon. Aber wie die unverfrorenen Buben so hängen, sagt der hinten zum andern: ihre Mutter habe ja immer ge-

Mauern von Tiryns

sagt, wenn sie nicht folgten, kämen Rauharsch und Schwarzarsch und holten sie ab. Jetzt sei es soweit, dies sei Rauharsch. Herakles lacht, läßt sie laufen.
Nur mit den Frauen hat er kein Glück. Freilich, da König Thespios gern starke Enkel bekommen will, tut er ihm schon den Gefallen, seine fünfzig Töchter in einer Nacht zu beschlafen; es gibt lauter Jungen. Aber Megara von Theben, mit der er eine Zeit lang verheiratet ist, betrügt ihn, da wird er gleich wahnsinnig, und mit der schönen Jolae ist es eine glühende, bittersüße und kurze Geschichte. Er lebt im Grunde in einer vollkommen männlichen Welt, die auf Taten ausgeht, hängt mit lebenslanger Treue an Linos, dem weisen Kentauren und an Jolaos, dem Gefährten seiner Aktionen.
Sein schönstes und aufregendstes Abenteuer ist ohne praktischen Nutzen ganz aufs Wunderbare gestellt: aus fernsten Fernen zauberhafte Kleinodien zu holen. Es sind die goldenen Äpfel der Hesperiden, die weitweit im Göttergarten gedeihn, von den Mädchen der Nacht und der Schlange Ladon bewacht. Das Schwere ist, diesen Garten zu finden; es geht nur, wenn man mit den Elementen gut steht. Alle Naturgewalten werden befragt, aber die geben ihr Geheimnis nicht preis. Allen muß man es abringen. Der allwissende Meergeist entzieht sich durch List und Verwandlung und wird nur mit Mühe gestellt, dann wird in Mauretanien Antaios, der Sohn der Erde, bezwungen, dann Atlas, der das Sternenzelt trägt. Wie er aber bei den Hesperiden angelangt ist, ist eigentlich alles

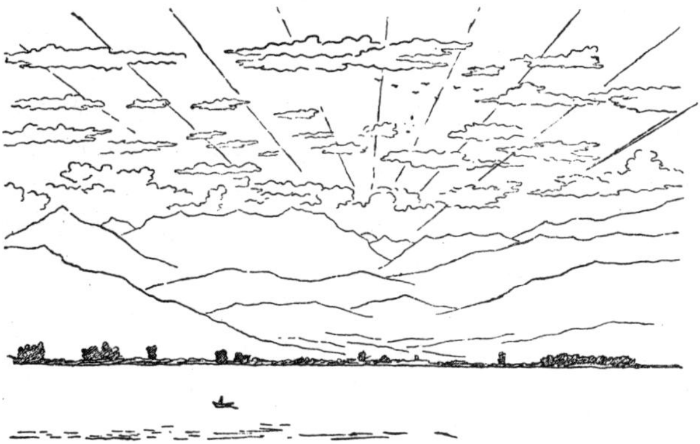

Bucht von Nauplia

gewonnen. Dann kommt nach so vielen Plagen die Stunde, wo alles sich fügt und alles geht wie im Traum. Da heißt es natürlich wach sein und die Möglichkeiten erschöpfen. Die hellstimmigen Mädchen, deren Gesang in der Nacht so berühmt ist, erweisen sich ihm als geneigt. Ja, sie verbünden sich ihm, als die Schlange abgelenkt werden muß; denn man kann sie nicht zwingen, aber sie zu zerstreuen ist leicht. Dann helfen die Mädchen ihm pflücken.

Seines Lebens Krönung, o daß man dies vom Helden immer hinschreiben könnte, ist eine Tat des Erbarmens. Er befreit den Prometheus, dessen schreckliches Stöhnen am Kaukasusfelsen er nicht mitanhören kann, und versöhnt ihn mit Zeus.

Das Heiligtum Epidauros besaß das schönste Theater, das es im alten Griechenland gab, und fast ganz so, wie es war, ist es erhalten geblieben: ein unwahrscheinlich großes und reines Geschenk. Einmal keine Ruine, einmal ist etwas ganz da. Silbergrau flimmernde Muschel, die in die Bergwand eingedrückt ist, Steinzeilen wie Verse gespannt, die letzte von goldenem Ginster behangen. Wie kommt dieses Theater, eine solche Anstrengung, in diese Bergeinsamkeit?

Natürlich muß man die Nähe jemandes scheuen, der die Ansicht vertritt, Epidauros sei eben ein Kurort gewesen und habe aus diesem Grunde ein großes Theater gehabt. Wahrscheinlich hatte dieser Jemand im Kurtheater von Pyrmont den ›Fidelen Bauern‹ gesehen, gut, aber was hat das mit der Antike zu tun? Schlimm, daß man zu Ausgrabungen einen Inschriftenfachmann, einen Theaterfachmann, einen Architekten, einen Kunsthistoriker, einen Geologen, einen Geometer, viele Philologen und einen Chemiker für die Untersuchung des Wassers mitnimmt, – einen Theologen aber, wer käme auf die verrückte Idee? Obgleich Epidauros ja schließlich ein Heiligtum war. Man muß doch verwirklichen, daß Heiligtum und Heilstatt dasselbe war; Heiligtum ist doch der Ort, wo geheilt wird.

Also *doch* eine Ruine. Also ist dieses Theater *doch* nur noch die Schale eines aufgegessenen Kerns.

Denn ein lauschendes Gottesohr ist es einmal gewesen, das Leiden der Menschheit zu hören.
Vor dieser Skenenwand sanken sie hin, damit die droben, in den Steinzeilen, noch einmal entrannen. In der Furcht, erleiden zu müssen, was unten die tragischen Opfer erlitten, zahlen die Hörer den Mitleidzins. So wendet man, vielleicht, noch einmal das Schlimmste von sich. So kommt man, vielleicht noch einmal davon. Tragödie ist Opfer.
Also Macht des Traums und sein Reich. Denn Schauspiel ist Traum. Der Traum nimmt die Bürde auf sich; wer erwacht, ist befreit. Das Schauspiel spült Grauen mit fort. Der Überlebende lebt.
So wäre der Sinn des Theaters, daß das Entsetzen eine heilende Wirkung ausübte? Ähnlich wie die

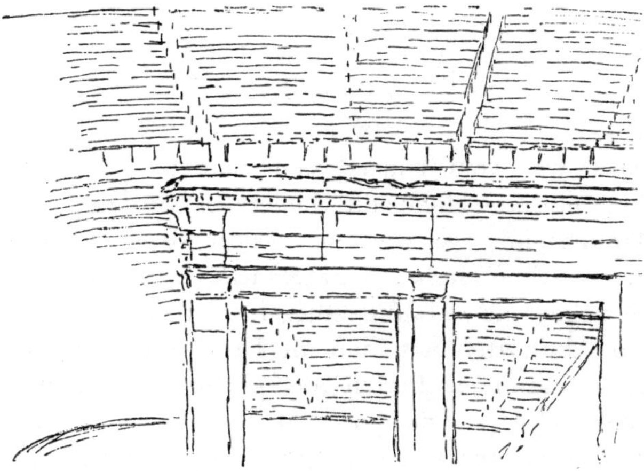

Theater von Epidauros: Proskenion

Erfahrung aus beiden Weltkriegen lehrt, daß beim Beginn der Schlacht keiner mehr Halsweh, Ohrenweh, Grippe, Gelbsucht, Lungenentzündung und Fieber bekommt, weil das wegschmilzt? Die Angst der Tragödie ist Todesangst, Angst vor dem unabwendbaren schrecklichen Ende. Todesangst ist Gottnähe.

Also Todesangst Heilkraft? Da müßte freilich vorher die Überzeugung dasein, daß Krankheit Gottferne ist. Krankheit gleich Sünde und Heilung gleich Heil. Wirklich, dann kann man Todesangst und Tragödienangst als Gotteswind nehmen. Dann wäre man in der Angst der Tragödie vom Göttlichen so, wie der Sterbende, nur noch durch die Wand einer Eierschale vom Kraftfeld der ungeheuersten Spannung getrennt. Und wer soll da nicht Angst haben?

EPIDAUROS, TRAUMHALLE

Nicht weit vom Theater sieht man die Ruine des Abaton, der Halle des heilenden Schlafs. Eine Traumhalle: was für eine vergnügte Vorstellung das ist. Eine Halle zur Fabrikation so luftigbunter Gewebe; eine Traumschule. In der Kaserne und auf Almhütten hat man die Erfahrung gemacht, daß Zusammenschlafen mit Vielen das Träumen begünstigt. Vielleicht ist ein Traummeister unter den Schläfern; wie ein guter Konzertmeister am ersten Pult reißt er das ganze Orchester heraus.

In Epidauros scheint dergleichen bekannt gewesen zu sein; da grünten die Gärten des Wissens und der Lebenskunst noch, die uns seit langem verwuchsen – merkwürdig, Hellas und Juda, unsere zwei Erblasser, sind doch so gläubige Träumer gewesen; man denke aus beiden die Offenbarungsträume hinweg.

Ein Gasthaus zum Traumempfang also. Ein Bienenhaus, Traumhonig zu zeideln. Ein Topf, aus dem Nacht für Nacht ein Gedünst von Träumen aufstieg; das hing dann wie Schillerwolken über dem Bau, mit Träumen geladen, die sich wie Blitze auf die Schläfer entluden. Bedingung war freilich, daß so ein Schläfer den Blitz wie Fichte und Pappel anzog; das Zweipolige muß ja doch sein. Einfälle, wie Träume es sind, setzen immer die Anziehungskraft des Beschenkten voraus. Es bedarf der Anstrengung.

Niemand beklage sich, er träume nichts oder er habe nur blödsinnige Träume. Jedem der Traum, den er verdient. Wenn die Genien des Schlafs jedem in jeder Nacht ein Stück Traumtuch zuweben, wissen sie schon, was sie tun. Dem einen wird eine Elle Banales gespendet, das aus schlechter Komik besteht, dem andern ein blutrünstig schreckhaftes Stück, dem dritten eines, worin eine Menge passiert, viel zu viel, als könne man Erlebnisse pfundweise brauchen, dem vierten ein Gespinst, das so leicht ist, daß es zerreißt, wenn er aufwacht und den Batist am Flattersaum festhalten will. Dann aber erscheint irgendeinem auf einmal der Gott, er erwacht und sieht sich geheilt.

Denn das läßt sich aus dem schwerdurchdringlichen Dunkel, welches die Geheimnisse von Eleusis und Epidauros umhüllt, wohl retten: wenn Heilschlaf gelang, war es deshalb, weil der Gott im Traume erschien. Dahin also ging Hoffen und Sehnen des Kranken. Wenn das aber so war, so ist Krankheit nichts anderes als Trennung von Gott und verlorene Verbindung gewesen und es konnte kein anderer Weg zum Heil sein, als in die geöffneten Arme des Gottes zu fallen.

Auch bei uns wird der Traum für die Heilung genutzt. Doch übersehe man nicht, daß Traumbilder damals und immer als Botschaft von oben aufgefaßt wurden, jetzt als Revolte von unten. Erst aus dem Himmel, jetzt aus dem Bauch. Da oben und unten unverwechselbar sind, darf man nicht an-

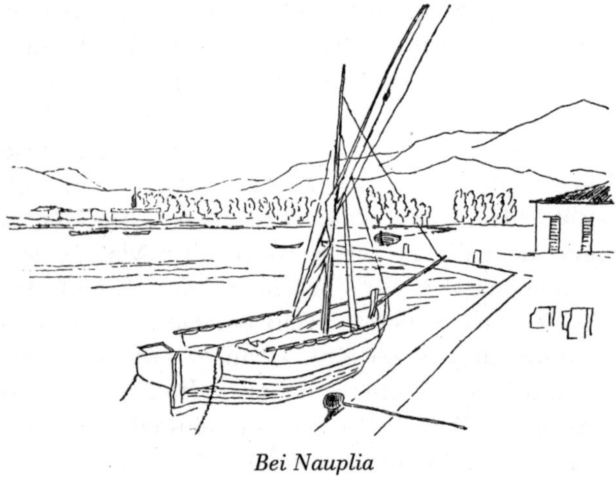

Bei Nauplia

nehmen, man habe sich jetzt oder damals in der Richtung getäuscht; es wird beide Male schon stimmen.
Bleibt der Schluß, daß man jetzt die Traumbilder durch sich durchfallen läßt, worauf sie sich aus der Verstoßung, von unten her melden und rächen. Heruntergekommene Träume. Bilderverstoßung: unsere unerkannte, uneingestandene, unübersehbare Schuld.

ATHEN VOM DACH

Viele Sommermonate in Athen schlief ich unter freiem Himmel auf flachem Dach. In den nächtlichen Zimmern war eingefangene Hitze, auf den Dächern aber war es luftig und gut. Eine leichte Matratze, eine Wolldecke genügte, so war man Herr in den weitläufigen ebenen Gefilden; die Dächer waren aneinandergebaut und hatten ihre eigene Geographie. Damals erfuhr ich zum ersten Mal, wie unbeschwert der südliche Sommer sein kann. Man braucht das Haus nicht. Wo man ist, kann man bleiben. Der Himmel ist Freund.
Nacht für Nacht überwölbte mich das Gefunkel, klar bis zu den Horizonten herab. Perseus, Andromeda, Pegasos hatten Verheißungsglanz; Kassiopeia und Apollons Leier und Schwan strahlten hell in den Höhen. Wie schön, aufzuwachen und in die erleuchteten Räume zu starren. Nacht! Nacht! Es war wieder, wie es im Bilderbuch war.

Im Sternenlicht lag die Akropolis nachbarlich nah. In der Stille stieg sie aus verwunschenen Tiefen empor, tauchte auf und entfaltete sich, eine Blume der Nacht. Beinweiß die Säulen. Samtblau und fahl schwangen die Bergkonturen ringsum, der Hymettos, der Spitzhut des Lykabettos und Salamis. Der Mond auf dem Meer.

Viele Stockwerke tief drunten die Schluchten, die Hauptstraßen der Stadt. Sie waren selber ermattet vom Durcheinander und vom Geschrei, das sie tagsüber erzeugten. Athen fand zu sich zurück.

Da kommt einer an in Athen, steigt auf einen der Hügel, schaut hinab auf die Stadt, die so lang seine Sehnsucht war: und was ists? Ein überlaufenes Meer von Würfelhäusern, silbergrau flimmernd im Heißen. Eine gestaltlose Stadt. Eine Stadt ohne Türme, von keinem Glockengeläut überhallt. Eine Stadt ohne Keller. Nichts von ewiger Stadt. Das insektenhafte Gewimmel der Häuser hat jede Planung durchkreuzt. Ein Schwarm kroch den Lykabettos, ein anderer Schwarm kroch den Hügel der Musen hinauf, wieder ein anderer wälzte sich zum Hymettos hinüber und quoll links und rechts am Ardettos vorbei. Die Heilige Straße nach Eleusis ist ganz und gar überrannt; hier durch die endlose Vorstadt zu fahren, ist eine Tortur. Es gibt viele Quartiere, in denen sind nicht einmal die Straßen befestigt; sie sind nur in Eile und wie fürs erste gemacht. Die Winterwasser schwemmen rotsandigen Schutt darüber und wühlen kiesige Runsen hinein. Alles nur improvisiert. Die älteste

und gepriesenste Stadt des Abendlands ist in Wahrheit eine der jüngsten. Sie ist nur ein Tauschkind, nicht echt.
Man steht am Kerameikos, dem Töpfermarkt der Antike, am Tor, wo Sokrates ging. Hier, denkt man, müßte man spüren: Athen, Herzmitte der Welt. Was aber fehlt? Warum ist es hier nicht wie auf dem Appischen Weg, der sich im Goldstaub der Campagna verliert, oder am Palatin oder an der Piazza Navona?
Ja, Rom. Wer denkt in Athen nicht an Rom. Obgleich in Rom das, was aus der Antike noch steht, nichts, wirklich nichts zu bedeuten vermag gegen eine einzige Parthenonsäule: wie stark aber vernimmt man die Mutterstimme der Ewigen Stadt. Da kommt man an und man kommt wie nach Haus. In seine eigenen Träume geht man hinein. Da ist man geborgen. Da reden die Steine zu jedem.
Doch Athen steht da und ist arm. Während der alte Stock Rom immer neu ausschlug und trieb, sank Athen in den Stand der Geschichtslosigkeit. Eines Tages war es leer. Und so blieb es Jahrhunderte lang; die Fremden vor hundert Jahren fanden auf aschenhafter, verbrannter Halde nur ein paar Häuschen unter der Burg. Dann diese bayerische Gründung, ein biedermeierliches Bürger-Athen, schön und romantisch, aber zu schwach; künstlich, nur ein humanistischer Traum ohne Kosten; nach Athen zurückgesandte Ludwigstraßen-Architektur. So etwas war natürlich dem Sturm nicht gewach-

sen. Es erlag den letzten Jahrzehnten, schmolz dahin und verlor das Gesicht.
Während Rom, immerhin, die Keller unter sich hatte, um sich in Zeiten der Schwäche und der Verwirrung aus dem aufsteigenden Hauche zu nähren: Katakomben und Krypten.

DENKMAL FÜR EINEN AMERIKANER

Freunde erzählten von einem Amerikaner, der seinen griechischen Aufenthalt nach vierzehn Tagen abbrach und, Verstörung in Wort und Gebärde bekundend, dem Flugplatz zustrebte. Es war ein gebildeter Mann, der bis dahin für Griechenland schwärmte; er erlebte eine grenzenlose Enttäuschung. Er empfand Abscheu vor dem ausgebrannten, kahlen, halbwüsten Land, das eine tiefe Neigung zum Halbkaputten besaß; er hatte an liebliche Auen und Anmut gedacht. Der Mangel an technischer Bewältigungskraft entrüstete ihn. In Athen fand er keineswegs eine klassische, vielmehr massenhaft wimmelnde Stadt; dabei kam er gar nicht in die trostlosen Vorstadt- und Flüchtlingsquartiere. Das Volk schien ihm zu leiden: um so etwas zu sehen, war er gerade nach dem heiteren Hellas gekommen. Mehr noch aber montierte ihn der offenbare Verzicht, an allgemeine Wohlfahrt zu glauben, vielmehr allgemeine Übelfahrt für unumgänglich zu halten: dieser Verzicht auf den Optimismus seines ans Ziel gelangten Jahrhunderts beleidigte das Bild seiner Welt. Dazu kamen die Kellner in den Hotels, die ihn mit Wonne betrogen, und die Taxifahrer und Händler, deren Preise sich nicht nach der Leistung, sondern natürlich nach der Intelligenz des Kunden bemaßen. Sogar ein Konzert, das Furtwängler mit den Wiener Philharmonikern im antiken Theater von Epidauros darbot, zweitausend Autofahrer waren deshalb in die unwirtliche Gegend gekommen: sogar dieser gigantische Akt des Snobismus, gleichsam ihn zu ehren gedacht, vermochte ihn nicht zu versöhnen. Er flog ab.

Ein Denkmal wäre diesem unbekannten Amerikaner zu setzen, denn er betrog sich wenigstens nicht. Er verschmähte es, sich zu einem Enthusiasmus zu zwingen, den jeder Griechenlandfahrer von sich verlangt und, da er nun einmal Reisegeld, Mühe und Bildung aufgewandt hat, natürlich auch heimbringen möchte. Man muß mißtrauisch werden, wenn jemand vier Wochen in Griechenland war und behauptet, es herrlich gefunden zu haben. Wahr ist, daß Griechenland zunächst einmal abstößt, enttäuscht und ärgerlich macht. Das Land, in diesem Punkt weiser als seine Bewohner, widersetzt sich dem Reisebetrieb wie einem erbitterten Feind. Die paar archäologischen Plätze sind die Rückzugslinie, bis zu der es sich preisgab: *die* Position war nicht zu halten und vielleicht auch des Haltens nicht wert. Dicht dahinter, die griechische Wildnis, blieb heil.

Das Reisen im alten, gleichnisbehafteten Sinn ist

doch niemals Zerstreuung gewesen, Griechenland läßt sich doch nicht besichtigen: seit wann läßt sich denn Schönheit besichtigen, dann ist es doch keine. Das ist nicht wie in Italien, wo eine bellezza nach der andern auf silberner Platte durch die Luft heranschwebt und alles von tausend Pinseln und Federn erkannt ist. Dergleichen ist eher verdächtig. Wer je eine Begegnung mit der Schönheit erfuhr, weiß doch: sie ist immer ganz anders. Das Schöne tritt nie dort ein, wo man heimlich ein wenig die Tür offen ließ, damit es den Zugang ja finde; es kommt immer anderswoher. Es befremdet und ärgert ein bißchen. Noch etwas: es wird zuweilen an einer etwas tiefer gelegenen Stelle des Bühnendunkels aufscheinen, als man gedacht hat; etwas unterhalb der Erwartung. Gern tritt es über die Schwelle einer gewissen Enttäuschung herein.

TAVERNEN

Toren besuchen im fremden Land die Museen, Weise gehn in die Tavernen. Kein Land ist gut, in dem man schlecht ißt, darauf kann man sich ruhig verlassen. Man lernt in Frankreich sehr schnell, welcher Unsinn es ist, zu behaupten, der Franzose sei denaturiert; seine Art, ein Gemüse zuzubereiten, zeugt von viel mehr Natur als das bei uns beliebte Gemansch. Der italienische Koch ist herzlicher und breitfröhlicher als der Franzose; sein Einfall, dem Feinde Hunger erst einmal durch einen

Teller pasta asciutta das Rückgrat zu brechen, könnte in einem französischen Kopfe nie aufgetaucht sein.
Die griechische Kost ist liebenswert durch einen ländlichen Zug. Auch das verfeinerte Mahl ist aus dem Hirtenmahle entwickelt, dessen Gaben bescheiden und schlicht sind, aber geadelt vom Dank, mit dem sie ein jeder genießt. Unantastbar die Grundstoffe. Immer kommen die grünlichen oder schwärzlichen Oliven zum Tisch. Weißer Schafkäse, Joghurt, Feigen, das jahreszeitliche Obst, das kehrt immer wieder, und niemand wird es mißachten. Das Öl durchzieht die Speisen als Element; man schmeckt ihm das Erdige an, man liebt und ißt die Landschaft in ihm, die ölbaumschimmernden Fluren. Kenner wissen den Geschmack des Öles von Kreta vom attischen und von dem Mytilenes zu trennen. Das am Spieß Gebratene versetzt zu den Hirten und, im Fisch oder im Oktapodi, dem Tintenfisch, genießt man die glitzernde Weite des Meers.
Am Ilyssos-Ufer, am Rande der inneren Stadt, liegt eine Taverne. Sie ist als Landhaus eines Engländers vor hundert Jahren erbaut. Gegen den Uferweg stemmt sich die hohe, silbergrau überwachsende Mauer. Sie stützt eine hochgelegene Terrasse. Man steigt über ein steiles Mauertreppchen hinauf. Weinlauben mit Tischen und Stühlen. Hier kann man trinken. Das bemerkenswerte Gasthaus besitzt zwei getrennte Flügel und zwei getrennte Aufgänge. Im rechten Flügel können Verliebte

stundenweis Unterkunft finden, da ist ein Liebesnest neben dem andern. Ein paar Schritte davon, auf dem anderen Flügel, auf der Terrasse, sitzen die Gäste, die nicht verliebt sind, trinken und sprechen, ein wenig bespendet vom nahen und vielfachen Liebesgeschehen.

Am Ilyssos-Ufer ging Sokrates. Jetzt ist das nur noch ein trübes Rinnsal zwischen Zementmauern, weil das versteppte Land den Bach nicht mehr zu speisen vermag. Indessen, der Harzwein ist noch derselbe geblieben. Wer den Harzwein nicht mag, weiß nicht, was Attika ist. Mögen die ersten fünfzig Liter ein bißchen fremd schmecken, wie bald gibt sich das. Wer ihn trinkt, trinkt Wein und trinkt auch das attische Land. Trinkt die Weinäcker mit den schwarzen knorrigen Stöcken, die Berge, den Wald und den harzigen Duft, den die Sonne aus den hellgrünen Zwergkiefern schweißt. Der Harzwein gewährt den spirituellsten Rausch von allen Weinen der Welt. Er verweigert es, sich transportieren zu lassen, klug wie er ist; nur in Attika will er getrunken sein, sonst schlägt er um. Er gibt sich doch nicht als Exportgut her. Vom Harzwein berauscht sieht man die Dinge geordnet; vieles Unklare wird klar.

Nichts ersetzt den Blick, mit dem man die Dinge im Harzwein anschauen kann. In ihm ist das Staunen. Staunenswert entfalten sich dann die Blumen der Dinge. Jedes Ding hat sein nüchternes Maß und sein Maß, zu dem es im Harzwein erblüht; man muß beides kennen. Eine Wahrheit, eine Erinnerung und ein Plan mögen ihre Tüchtigkeit haben: ihren wirklichen Wert wird man erst sehen, wenn man sie durch den Topas des Weines anblickt. Seine Freunde und was mit der Liebe zusammenhängt, muß man im Weine anschauen; nichts taugt, was nicht so angeblickt werden kann.

HELIKON, MUSENTAL

Gegen Abend zog ich im Dorf Palaio-Panagia am Fuße des Helikon ein. Pappas, Lehrer und Tierarzt saßen im Kafenion an rostigen, wackligen Tischen in Wellen von ungeheuerem Radiolärm. Ich wandte mich an die Herren und fragte, bei wem im Dorf ich zur Nacht bleiben und wer mit mir andern Tags ins Gebirg steigen könne. Ich wurde eingeladen, mich niederzusetzen und ein Kaffeechen zu trinken. Über uns flocht sich das Weindach hin. Langes Sitzen und Sprechen, wobei zweifelhaft war, ob währenddessen irgend etwas für mich geschah. Aber da kann man ganz ruhig sein: unter der Oberfläche arbeitet es. Zunächst wird von einem erwartet, daß man Zeit habe; Zeithaben ist vornehm. Auch bei uns unterschied früher Zeithaben und Nichthaben Herren und Knechte; jetzt hat niemand mehr Zeit.

Es war dunkel geworden. Ein Bauer, hager, verständig und ruhig, trat auf; ich wurde inne, daß er mein Wirt und Begleiter sein sollte. Er empfing Weisung vom Lehrer, dann führte er mich durch das heiße, nächtliche Dorf, an den weißgekalkten, mondbeschienenen Häuschen, ausgesprochenen Nachtschönheiten, vorbei. Flammende Herdfeuer, rosa Schlangenrachen in milchweißen Würfelgehäusen, verzwickte Höfchen, staubübermehlt, Weinlaubgerank, unendliche Treppchen, Eselgeschrei. Mauern mit abgebröckeltem Putz. Süßer Verfall. Möglichst wenig Gebautes. Bauen ist doch ein Zeichen, daß man sich noch in der Historie fühlt. Nicht also hier. Ein Schritt weiter: das Zelt.

Unser Haus hatte ein oberes Stockwerk; eine geländerlose Steintreppe führte hinauf zur Terrasse. Vor der Tür zum oberen Zimmer schlief das Ehepaar auf dem Boden im Freien; die Frau lag schon da, so daß ich über sie wegsteigen mußte. Ich fand ein eisernes Bett mit reinlicher Wäsche. Sonst war nach südlicher Art kein Möbel im Raum.

Beim ersten Tagschimmer erhob sich draußen der Bauer, um mich zu wecken; vier Uhr. Ich netzte mich an dem blechernen Wasserbehälter, der im Hofe angebracht war und ein müdes Fädchen Wasser abgab. Die Bäuerin brachte ein Kaffeechen und ausgezeichnetes, kuchenkrümeliges Brot. Wir gerieten über Familiengeschichten ins Sprechen und brachen erst auf, als schon die Sonne da war.

Das Bergtal lief auf den Helikon zu. Weinäcker, reichlich Ölbäume dazwischen, braune Erde, Baumwolle. Wenig Getreide, aber Mandeln und Feigen, alles besonders sauber bestellt. Große Schafherden, Geläut. Viel rinnendes Wasser; bei einem murmelnden Rinnsal blieb ich stehen, weil mir das Ge-

räusch so süß und heimatlich war; ich erklärte meinem Begleiter, dies sei meines Vaterlands Stimme. Er hatte einmal von Wiesen gehört.
Das also waren die Felder, die Hesiodos bestellt hat, denn auf seinem Grund war ich; die Stätte von Askra lag nah. Wie es mit den hin- und hergewanderten Menschen auch sein mag und mit den Wäldern, die einst dichter und kühler gewesen sein mögen: dieselben Felder sind es bestimmt. Dieselbe Scholle, dieselbe Frucht.
Hesiods Klage über den kargen Boden, die üblen Winter, die harten Sommer stellt sich beim Zusehn als unbegründet heraus; ich ließ mir erzählen, daß der Mann hier im Tag ein bis zwei Liter Wein zu sich nimmt. Hesiodos war eben ein Bauer; Klagen beugt vor und setzt sich aus Klugheit, Berufung des Gegenteils und echter Sorge zusammen.
Des Hesiodos Felder sind braun. Der Wechsel von Attikas brandroter Erde zu der braunen Scholle Boiotiens fällt auf; der Klang dieser Landschaft ist, gegen Attikas einfallsreiche Anmut gehalten, ernster und schwerer. Hier wächst mehr, hier hat man mehr Sorgen.
Wir wandten uns dem Helikon zu. Die aufgehende Sonne fiel schräg in die Ölbäume ein, die der Morgenwind anblies, so daß die silbernen Unterseiten der Blätter zu glitzern und sich im Frührot in Gold zu verwandeln begannen. Auf den Feldern überall Bauern. Der Pappas kam uns schon auf dem Esel entgegen, Bart und Soutane wehten im Wind. Er rief vom oberen Wege herüber, warum wir uns

verspätet hätten; da es erst fünf Uhr war, fand ich das eigentlich nicht. Er aber, Seelenhirt, Hausvater und Bauer, kam schon von den Feldern zurück. »Wir haben gesprochen«, rief mein Begleiter zurück, und der Pappas nickte; dies war eine volle Erklärung, Unterhaltung geht vor allem anderen.

Wir hatten alsbald nur Macchia um uns. Die Stachel-Eichen raschelten unter der Flucht von Eidechsen auf, es war eine außerordentlich lange und dicke, starkgrüne Art über den ganzen Helikon hin. Da das Tal dreihundert Meter hat und der Helikongipfel anderthalbtausend, gibt es ein bißchen zu steigen. Dazu kommt, mit dem Bergsteigen in der Heimat verglichen, daß es heiß ist, daß man fast ohne Weg geht und daß man keine Karte besitzt. Sonst aber drängt sich der Vergleich mit den Alpen stark auf; es ist Wetterstein und Karwendel, Südtirol und Salzkammergut. Nur daß dazu eben das Zärtliche tritt, Stufungen süßester Bläue, zu denen sich die Bergketten ordnen, Ebenen mit Wein und die Meeresbuchten in hundertfacher Gestalt.

Von den Bergen erst schließt sich Griechenland auf, nur von den Bergen. Das Glück, das sich beim Aufstieg einstellt, schnellerer Herzschlag, stärkerer Atem, Macchiaduft und Ströme von Licht und von Sonne: das ist das griechische Daseinsgefühl. Einsamkeit, Aufschwung. Und der Durst. Hunger macht gierig, im Wort Durst hört man mehr.

Die Berge, in denen das Karge und nicht das Üppige wohnt, sind es, die das Erlebnis der Fülle gewähren. Es muß auffallen, daß ein so großer Teil der Heilsgeschichte auf Bergen geschieht. Sinai, Horeb, Zion. Bergpredigt, Berg der Versuchung, Ölberg. Jesus der Bergläufer. Die Jünger werden im Gebirge erwählt, auf dem Berg geschieht die Verklärung, die Speisung; im Gebirg erscheint der Auferstandene den Jüngern.

In jedem Berganstieg liegt ein Abglanz dieses Geschehens. Das kommt von der Kraft, die in das Wort *oben* gebannt ist, das kommt von der Gewalt des Wortes *empor*. Auch wer längst schon verlernt hat, an Himmel und Hölle zu glauben, kann doch nicht den Rang der Worte *oben* und *unten* vertauschen. Wer verführen will, kann nur lügen, nie aber sagen, von unten komme das Heil; Satan muß eine Maske anlegen. Das Heil kommt von oben, das weiß jeder Geborene, und Kain wird eben von oben gerufen. Oben ist oben; darin liegt ein kleiner, wie eine blutrote Bergnelke am Weg blühender Gottesbeweis. Das Ewige hat sich Bilder in der Sprache gemacht; das Wort gebraucht und braucht uns.

Alles Denken muß zum Dichten gelangen, denn wer *oben* sagt, dichtet. Zuletzt siegt der Hammerschlag des Gedichts.

Mein Begleiter hatte ein Jagdgewehr mit, um Berghühner zu schießen. Aber es kam nicht dazu, weil Brutzeit war und er kein Weibchen erlegen wollte, denn dann töte er sieben statt einem. Also war er ein hesiodischer Bauer, kein Anhänger des Raubbaus mit Dynamitfischen, Zugvögelschießen und Wälderabbrennen, wie es in diesem Land leider auch ist. Übrigens hätte er mich beinahe mit seiner alten Flinte erschossen. Ich war immer wieder an der Mündung seines Schießgewehres vorübergegangen, eines sagenhaft alten Modells, und wollte mehrmals nach der Sicherung fragen, wußte aber das Wort nicht. Plötzlich ging das Ding von selbst los und die Ladung pfiff an meinen Ohren vorbei. Er erschrak und erblaßte. Das sei ihm in vierzig Jahren noch nicht passiert. Ich ergänzte: und wie das dann gewesen sein würde, ich Fremder, Gesandtschaft, Gericht. Wewe, meinte er, da wäre es wohl am besten gewesen, er hätte sich gleich daneben erschossen. So malten wir uns das Schauerstück aus.

Es war übrigens ein angenehmer, kluger, nachdenklicher Mann, mit dem ich mich den ganzen Tag gut unterhielt. Wir theologisierten sogar. Als ich ihm sagte, ich sei in Sorge, weil ich einen Brief habe, daß meine Mutter krank sei, blieb er stehen und sagte: »O gewiß, die Mutter, das ist außer allem Vergleich. Deine Frau liebst du eine Zeit lang, deine Kinder liebst du jedenfalls mehr. Aber deine Mutter. Erst hat sie dich neun Monate lang in ihrem Bauch hin und her getragen, dann hat sie dich unter großen Schmerzen geboren, dann hat sie dich aus ihren Brüsten genährt. Kann das irgendeiner vergessen?« Später aber erklärte er mir, er habe im Gefängnis während der Besatzung die Erfahrung gemacht, daß von hundert Männern achtzig der Frau wegen säßen. »Der hat deine

Schwester zu verführen versucht und du mußt ihn erschießen. Deine Frau hat dich betrogen, du mußt dich rächen. Die jungen Burschen, was sollen sie machen. Sie sind Menschen. Sie werden verrückt, es gibt Eifersucht und sie schlagen sich tot. Es ist immer die Frau. Von der Frau kommt das Unheil der Welt.« Ich bemerkte, er habe doch vorher so schön von der Mutter gesprochen; da erwiderte er, jede Frau habe eben den Weg von der Eva zur Maria zu gehen.

Als es heiß wurde, waren wir ziemlich weit droben. Es begann nun der Tannenwald; Kithairon und Helikon sind seinetwegen berühmt. Es sind wunderbar weichnadlige Tannen, wenn sie auch keine große Höhe erreichen, doch sie rauschen und duften. Wir waren jetzt, ziemlich nah unter dem Gipfel, zu einer Hirtenbehausung gelangt. Die Tannen öffneten sich und gaben einen Ausblick nach Süden: einen hinreißenden Blick auf den Kithairon, der nebenan liegt, auf das Meer bei Korinth mit unbefahrenen Buchten, und die Ketten der Peleponnes. Kyllene, Chelmos und Erymanthos hatten noch Schnee.

Es war herrlich. Der Platz war so sehr von Tannen geschützt, daß die Hirten nicht einmal eine Hütte aus Zweigen besaßen: dickwollige Ziegenhaarmäntel waren einfach zu Hügeln auf den Boden gelegt, die waagrechten Tannenäste dienten als Schrank. Hier hausten sie vom Mai bis in den Dezember hinein und schliefen, wie sie erzählten, von Sonnenuntergang bis zu Sonnenaufgang einen tief-

tiefen Schlaf. Es war ein Ehepaar aus Dombraina, einem Helikondorf, und als dritter Sotiri, ein athletischer Hirt, den mein Begleiter als ausgezeichneten Freund pries. Er hatte, fast wie ein Kreter, das Kopftuch schräg über die Haare gebunden und trug den Rock auf der Schulter. Er schien etwas traurig, wahrscheinlich, weil er mit seinen achtundzwanzig Jahren und seinen ungeheueren Kräften, die dorfbekannt waren, noch kein Mädchen besaß: doch fand ich, daß die leichte Melancholie ihn eher sympathischer machte.

Die stärkste Erinnerung, die ich an jenen Tag habe, gilt dem Trunk, den uns dieser Hirte anbot. Die Milch stand in einem zinnernen Kübel unter den Tannen und war von der Nacht her sehr kalt. Sie war gelblich, sämig und schwer. Ich war etwas erschöpft; sonst, wenn ich steige, liebe ich es, ausgeschlafen zu sein und ein reichliches Frühstück im Leibe zu haben; da ich gezwungen war, mich nach den Landessitten zu richten, war beides nicht recht der Fall. Wie das auch sein mochte, ich fühlte bei diesem Trunk einen Grad der Erquickung, der ganz außerordentlich war.

Wie deutlich da wird, daß das Erlebnis der Fülle schwellenhaft ist: man kann immer nur den Eintritt in Fülle, niemals die Fülle erleben. Erfüllung, das sind nur Momente. Dauer, Besitz schließt von Fülle ganz und gar ab. Vorsorgliche Stillung, der Reichtum also, ist Armut an sich. Dies ist der wahre Zustand der Not; es gibt dann keine Erfüllung.

Am Nachmittag stiegen wir weglos über felsige Hänge tausend Meter hinab, um ins Musental zu gelangen, denn das Tal, das sich von Askra gegen den Helikon zieht, ist seit den ältesten Zeiten den Musen geweiht. Es ist ihre Heimat.

Ein Tälchen wie viele: starrende Felswände, einzelne Steineichen, Myrtengebüsch, sonst wenig Bewuchs. Wellige Falten, zu denen die Sohle des Tales sich rafft. Doch Hirtengeläut.

Wir fanden die spärlichen Reste des Kults, der über tausend Jahre hinging, einen Tempel, nur die ausgegrabene Gründung natürlich, eine Säulenhalle in Trümmern und einige Statuenbasen, in denen die Höhlungen für die Füße noch waren.

Was mich beglückte, war, daß dies Hochgebirgstal nichts Liebliches hatte. Rauh ist es, alpin. Nichts von Hain, nichts von Park; da ist auf alles verzichtet, was mit Reizen erreicht werden kann. Man sieht gleich: mit den Musen ist das ganz anders gewesen. Man hat etwas sehr Fades aus ihnen gemacht; diese dumme Rollenverteilung auf neun Wissenschaften und Künste und alle diese faden Allegorien. Sie sind richtig ausgezehrt von ihren Allegorien; das tun die ja immer. Aber davon ist hier, an ihrem Urorte, nichts.

Leicht sieht man: die Musen sind scheue Geister der Berge gewesen, spröd, etwas wild. Pan ist ihr Freund. Hier ist das leichte Leben zu Ende, das Angenehme gehört nicht hierher. Hier weht abends und nachts rauher Bergwind durchs Tal, hier ist Hirtenhundegebell. Hier ist Wildnis. Weit unterhalb erst war der Saum zu erkennen, wo blühende Birnbäume und Felder beginnen und der Duft reifen Weins das Land gesellschaftlich macht. Dort erst fing Demeters Reich an.

Sie aber, die Einsamkeit liebend, ja eifersüchtig darauf bedacht, sie schwer durchdringlich zu machen, sind ungeselliger Art. Weniger als man es wahrhaben möchte, haben sie mit dem Schönen zu tun. Geister der Abgeschiedenheit sind sie, des Aufschwungs, den der Aufstieg auf Berge gewährt, Hüterinnen des Rausches, den lange Einsamkeiten verleihn. Sie sind kinderlos, nicht einmal von einer Mutter geboren, also ausgenommen von irdischer, kreisender Zeit. Es sind Leitgestalten nach oben, darüber kann kein Zweifel bestehen; ›Muse wird wahrsehen und ich werde wahrsagen‹, wie es beim Pindaros heißt. Man könnte es wagen, sie Engel des Altertums zu nennen, wenn nicht der Engel ein Bote wäre, der kommt, im Traum oder Wachen, aber von oben gesandt, während die Musen gerade noch Möglichkeiten des Menschlichen sind, Genien, mit deren Hilfe der Geist zu den Göttern andringt.

BASSAI

Auf dem kleinen Bahnhof des Städtchens Pyrgos erfuhren wir, Kaulbach und ich, daß in dieser Woche kein Zug mehr südwärts die Peloponnes hinabfahre. Doch meinte der Vorstand, die Draisine leihe er uns. Wir waren entzückt.

Leider ergab sich, daß die erwünschte Maschine nicht bei der Hand war, sie befand sich irgendwo im Bezirk. Aber das dürfe kein Hindernis sein, meinte der Herr des Verkehrs und wies auf seine neuzeitlichen Mittel: Telegraf, Telefon.

Dorf Anemochori

Als nach vielen verwarteten Stunden das Gerät über den Horizont kroch, mäßigte sich unsere Freude. Es schien ein Modell aus der Pionierzeit des Eisenbahnwesens zu sein, nichts als ein schmales blankgesessenes Brett auf drei Rädern, mit einem Hebel zum Holländern und Schmieröl, das schwarz und fett vom Gestäng troff. Bemerkenswert, mit wie einfachen Mitteln da etwas geschaffen war, was so verblüffend schwer lief.
Gleichwohl. So schaukelten wir denn auf dem blanken Bänkchen ein wenig durchs Land. Linker

Hand Weinfelder, rechter Hand Weinfelder, und immer dem Meere entlang. Zitronenhaine wehten uns ihren Blütenduft zu. Maulesel scheuten. Die Dörfer hatten das Wartende; sie waren mit flachen Dächern und energischen schwarzen Zypressen die Berghänge aufwärts gebaut. Die Brücke über den Alpheios bestand nur aus Schienen und Schwellen, in der Tiefe das schäumende Wasser: wir hofften, daß unser Gefährt nicht gerade an dieser Stelle die Anwandlung habe, aus dem Gleise zu springen, wie es zuweilen beliebte.

Lobet Gott, wenn es nicht bergan geht. Die geringste Steigung, auch wenn sie dem Aug nicht bemerklich war, hing mit Zentnergewichten an unserem Veloziped. Die Bauern in den Weinfeldern hatten gut lachen und winken. Aber wo Schafe waren, brachte man uns Holzschalen schäumender Milch an den Damm. An den Stationen traten die Vorstände heraus; wir waren signalisiert. Die Weichen stellten wir selber. Lange Zeit war ein Güterzug angesagt, er sollte entgegenkommen: aber wann? aber wo? Die Strecke war eingleisig. Wir wagten immer noch eine Station. Aber in den unübersichtlichen Krümmungen zwischen den Bergen war das so eine Sache.

Das Dorf Anemochori liegt wunderschön zwischen zwei blauen Bergzügen am Meer. Beim Bahnhofsvorstand machten wir Rast, es war gegen Abend. Er war Flüchtling aus Konstantinopel und hatte Kinder die Fülle. Die Kleinste mit ihrem kurzen Kleidchen und nichts darunter hieß Iphigenie, denn

er war damals Bahnhofsvorstand in Mykenai gewesen. Unseretwegen führte er ein langes telegrafisches Gespräch mit der Station Phigaleia, unserem Ziel. Dort gab es kein Gasthaus; das Dorf liegt nämlich vier Stunden weitab in den Bergen. Unweit der Station aber wohnte ein Bekannter von ihm; er hatte ihn herbeiholen lassen und ihm gemorst, da seien zwei Deutsche, Freunde von ihm, er möge uns Obdach gewähren. Er wollte. Wir ließen zurückfragen, was geschehen solle, wenn wir uns verspäteten. Der Gastfreund ließ sagen, er werde am Bahnhof warten und wenn es bis Mitternacht sei.
Die griechische Gastfreundschaft ist ein überwältigender Zug dieses Volks. Sie ist unantastbar, uralt und ein Zeugnis hoher Gesittung. Sie wird wie Echtes gewährt: voll freier Herzlichkeit, in den Formen gebunden. Es war wirklich längst dunkel, als wir in Phigaleia ankamen. An der kleinen Station stand der Gastfreund, ein einfacher Mann, und wartete ruhig. Er war, wie sich zeigte, ein Weinbauer, nicht arm und nicht reich. Wir begrüßten uns wie alte Freunde. Zehn Minuten unterm Sternhimmel den Bahndamm entlang, durch Weinfelder, einen Hügel hinauf, und wir standen vor seinem Haus, einem schlichten Holzbau, wie Bauernhäuser in Griechenland sind: nicht sehr fest, regnet es, regnet es drinnen wie draußen; windet es, windet es drinnen wie draußen. An der Außenwand führte eine Leiter in das obere Stockwerk hinauf. Ein Raum, frei unterm Dachgebälk, so groß wie das Haus, nahm uns auf.

Was folgte, war ein Mahl am Tische Homers. Die Frau brachte eine Kupferschale und einen Krug warmes Wasser und goß den Gästen über die Hände. Am Boden schliefen die Kinder in Decken gehüllt. Im großen Kamin brannte Feuer, leuchtend und wärmend zugleich. Die Scheite lagen im Feuer und wurden nachgeschoben, wenn sie vorn abgebrannt waren. Auf einem Rost im Kamin, seitab der Flamme auf breitgeschlagener Glut, wurde Brot geröstet und Lammfleisch gebraten; wir saßen auf kleinen Bänkchen davor.

Fleisch, Brot und Wein. Und dann, wie immer im Frühling, Jaurti, ein Teller Joghurt. Der Bauer aß mit uns, die Frau darf ja nicht mit bei Tische sein. Aus seinem Gesicht leuchtete Freude, des Gastgebens Stolz. Wir fühlten, es waren nicht wir, denen alles das galt; wir waren Beschenkte der Sitte.

Das eheliche Lager wurde uns eingeräumt. Es war nur ein breiter Holzkasten ohne Polster, mit Dekken. Als wir am Morgen hinaussahen, standen zwei Maultiere vorm Haus, die uns in die Berge hinaufbringen sollten. Nun erst fragte Antoni nach unseren Namen. Der Namenstausch war ein wichtiger Akt.

Halbwegs zwischen Phigaleia-Station und Phigaleia-Dorf liegt Lepreion in waldigen Bergen, wasserumrauscht. Der Maultiertreiber wies uns auf die Ruine eines Demeter-Tempels und einer Königsburg hin. Wir ließen die Maultiere an der Straße zurück und stiegen hinauf. Der Junge führte.

Als wir auf der Berghöhe aus dem Wald traten, waren da wirklich griechische Mauern, herrliche, klare, saubere Steine, und der Grund eines Tempels, auch etliche Säulen, gestürzt. Da, wo zwei Mauern der Burg zu einer guterhaltenen Ecke zusammenstießen, war ein Bauernhaus angewachsen. Zwei Seiten des Hüttchens bestanden aus klassischem Stein. Als man uns hörte, traten die Häusler unter die Tür. Wahrhaftig: Philemon und Baukis.

Der Mann war dreiundneunzig Jahr alt und noch gut im Stande. Er war seit zwanzig Jahren nicht drunten im Dorfe gewesen und setzte nun seinen Ehrgeiz darein, in seinem Leben nicht mehr hinunterzugehn. Durch die Ausgrabung war er seines Glanzes als Herr einer Königsburg innegeworden. Sein Lebensgefühl, ehmals dicht, hatte durch diese Entdeckung eine fadenscheinige Stelle bekommen; jetzt war Transparenz und Bedeutung in ihm. Die Momente, spärlich über die Jahre verteilt, wenn jemand kam, um die altgriechischen Trümmer zu sehen, waren ihm Nektar des Lebens. Was will man? Mit Recht. Bauer und König: aber der Bauer hatte ausgeharrt und gesiegt. Hinwiederum lebte er in seinem Sieg nur aus der Könige Glanz.

Sein Weib sei zu jung, bemerkte er, als könne sie das Unwägbare seines Daseins nicht voll verstehen. Sie war achtundsiebzig und arbeitete tiefgekrümmten Rückens im Garten, als wir fortgingen. »Wiedersehn, Königin!« rief unser Junge hinüber.

Als wir von Phigaleia aufbrachen, um in den Bergen den Tempel von Bassai zu suchen, waren wir unversehens eine stattliche Karawane geworden. Der griechische Ingenieur eines kleinen Braunkohlenbergwerks, der Ortschaft repräsentative Person, übernahm uns als Gäste und fesselte uns auf die liebenswürdigste Art. Er hatte den Tempel noch niemals besucht und hielt es für einen unablösbaren Teil des Gastrechts, uns zu begleiten. Wir hatten an eine schlichte Bergwanderung gedacht, er mehr an eine Expedition. Einen wegkundigen Führer müßten wir unbedingt haben. Maultiere auch. Vier Personen, vier Maultiere. Mit den vier Maultieren aber rückten vier Treiber an, denn ein Maultier ist nichts, wenn man es nicht immerfort antreibt und schlägt. So war es ein Auszug zu zwölft statt zu zweit; außerdem Hunde. Wir hatten uns alles privater gedacht.

Im lauen Dunkel des Morgens zogen wir nach Arkadien hinein. Es ist nötig, den letzten Rest Seide aus dem Worte Arkadien zu denken, wenn man das rechte Bild haben will; nur Rauhes, Sprödes und Karges darf sein. Aber klar alles und zum Himmel aufsteigend wie Flötenmusik.

Im Dorf hatte man uns eine Geschichte erzählt. Ein Mädchen war vom Vater her abgesprochen mit einem Jungen; denn die Väter schließen die Ehen. Eines Abends ging sie mit einem Anderen, den sie liebte, übers Feld. Weiter nichts. Darauf nahm der älteste Bruder die Schrotflinte und schoß auf die Schwester. Er traf, sie war tot. Denn der älteste Bruder wacht an Vaterstelle über die Sitte. Er darf auch nicht heiraten, bevor nicht alle Geschwister verheiratet sind; er ist der Letzte. Man schickte ihn dann nach Pyrgos aufs Amt. Aber er kam wieder nach ein paar Tagen. Das Gericht wollte nichts von ihm.

Wir zogen durch ein Bergtal hinauf in den kühlen Morgen. Der Kuckuck rief und über den Hängen lag Nebel. Die Erde roch. Die Wasser rauschten. In sieben Stunden kamen wir nur durch zwei Dörfer. Aber Herdengeläut schwang uns von überallher ins Ohr, aus dem Tal, von den Bergen. Aus den Hütten stieg der Rauch kerzengrad in die Luft.

Ein Mädchen trug einen prangenden Blumenkranz. Es war erster Mai.

Der Tempel ließ sich sehr suchen. Er lag hinter den Bergen, wie das im Märchen heißt. Da in unserem Zug mehr Führer als Fremde waren, verirrten wir uns. Immer neue Hügelketten erschienen, und wieder neue dahinter. Die Mäuler kraxelten über steinige Hänge. Man kommt nicht recht vorwärts mit ihnen und ihrem sanften Geschwank; wenn der Treiber nicht von früh bis spät schnalzt, schreit und stößt, ist es nichts. Bei jedem Laut, den der Treiber gab, stellte mein Maultier die Ohren, als lausche es auf den leisesten Wink seines Herrn und warte nur auf Befehle; aber es war ein griechisches Maultier: es blieb alles beim alten.

Was mich betrifft, ich laufe lieber zu Fuß. Ich will Erde unter mir spüren.

Die Erwartung, den Tempel zu sehen, befeuerte uns. Immer schon hatte er mir die größte Sehnsucht erweckt. Er liegt so hoch in den arkadischen Bergen, als hielte das Land ihn auf Händen dem Lichte entgegen.

Es war gegen Mittag, als wir in ein Hochtal gerieten. Ich hatte etwas Ähnliches in Griechenland niemals gesehen. Ein lichter Hain von Platanen und Eichen; das Grün so vom Lichte durchblüht, daß uns Verzauberung befiel.

Hier schien alles von der Gegenwart eines Gottes beseelt. Hier wohnten wirklich Dryaden; der rauschende Bach schien wirklich von einer Nymphe bewohnt. Zikaden schrillten besessen. Und immer wieder ein Kuckuck, der von ferne her rief.

War das nicht wirklich Apollons Tal? War hier nicht der Gott, wie er einherfährt, wenn er aus seiner Heimat, dem Lande des Nordlichts, ankommt, auf dem Schwanenwagen, von Funken umstoben und mit ihm ein Sturm von Musik? Dann rauschen die Bäche aus verjüngten Quellen ihm zu und Amseln und Nachtigallen singen ihm Lieder entgegen, die sie sonst nicht zu singen vermögen.

Man kann nicht erwarten, daß einem der Weg zu einer Gottheit leicht gemacht wird. Es war hoher Mittag und wir suchten und suchten noch immer. Der Baumwuchs ließ nach, je höher wir kamen. Nur nackter Fels war noch da, grau, außer der Welt. Tief drunten das blaue Land und die Berge.

Da standen auf einmal, vor uns, über uns, mitten im grauen Gefels die Säulen, Stein von dem Stein, der hier wuchs. In der Unform der Felswüstenei diese Tempelsäulen, vom Sonnenlichte gepeitscht.

Der Bau hat mehr Zier als Gewalt. Er ist eisengrau und die Oberfläche der Säulen ist faltig wie Milchhaut, die ein kalter Hauch überfuhr. In der Tempelruine kann man verweilen wie in einem geschlossenen Raum; es fehlt nur das Dach. Es wehen starke Winde da oben; drinnen aber ist man, von der hohen Sonne beschienen, geschützt. Auf den Simsen sitzend, an die sonnenwarmen Säulen gelehnt, ist da gut sein. Vergißmeinnicht wächst aus den Zellenfugen und Königskerzen wanken im Wind. Eidechsen finden das Ganze wie für sich gemacht. Wir verbrachten vier oder fünf Stunden beim Tempel und schliefen. Dann und wann zogen läutende Herden vorbei.

Von der anderen Seite haben sie jetzt eine Serpentinenstraße zu bauen begonnen damit man auch diese letzte Götterzuflucht mit dem Auto beunruhigen kann. Noch kann man ankommen; aber mit dem Auto ist ja die Kunst des Ankommens verloren gegangen.

Als ob nicht alles davon abhinge, daß die Ankunft gelingt. Was man nicht mitbringt, wird man am Ziel schwerlich finden; man kann doch nichts finden, als was man suchte und also im Grund schon besaß. Aber was sucht man?

Was sucht man an einem heiligen Ort, an dem alles Mögliche, nur mit Gewißheit nicht mehr das Heilige ist? Will man nichts als das Gewesene erforschen? Aber Forschung, Forschung, das ist doch zu wenig, das genügt auf die Dauer doch nicht. Geschichte ist eine Kelter; es ächzt und es fließen Ströme von Blut; Geschichte ist Pressung, Qual, Irrtum, Verlockung; Geschichte ist vielleicht Heilsgeschichte, insofern sie aus Zusammenbrüchen besteht —: aber das gilt doch nur für Geschichte, wenn sie geschieht; gilt es denn auch für Geschichte, die war? Die Sucht der Geschichtsschreibung, diese ausgeartete Bemühung des vorigen Jahrhunderts, das alle Sachen ins Kolossalische trieb, ist heillos geworden. Also folgt nichts mehr, nicht mehr das Geringste aus ihr.

Also, was sucht man? Doch den Gott nicht? Die alten Götter sind tot. Wir sprechen zwar unaufhörlich von ihnen, aber wir rücken nicht recht mit der Sprache heraus, in welchem Geist wir sie rufen: als tote Götter doch nicht? Oder vielleicht als lebendige Götter? Das würde bedeuten, daß man sogar den Begriff des lebendigen Gottes verlor. Wenn aber nicht als lebendige Götter, müssen wir sie ganz sicher verfehlen. Auf ein Verfehlen also kommt es in jedem Falle hinaus.

Schließlich, hier wohnte ein Gott, aber er wohnt nicht mehr hier. Wir haben wohl allzulange und allzuviel Umgang mit toten Göttern gehabt; sowas rächt sich. Es verbreitet sich übers Jahrhundert ein Götterleichengeruch. Irgend etwas muß mit den unaufgeräumten Göttern geschehen; wir müssen wenigstens wissen, als was wir sie anreden sollen. Wir können nicht an sie glauben; aber ablegen, auch das können wir offenbar nicht; es scheint, daß wir sie auf irgendeine Weise notwendig haben. Aber auf welche? Das fragen die Tempel, und sie zwingen uns, zu ihnen zu pilgern, weil sie aufrecht stehende Vorwürfe sind: was soll denn nun werden? Können wir nicht unsern Tod haben? Oder was wollt ihr von uns?

ZIKADEN

Eine Zikade schwirrte mich an und, vom Anprall erschreckt, fiel sie hart auf den Boden. Ich hob sie auf und so sah ich das vielbesungene Geschöpf zum ersten Mal aus der Nähe. Ich war überrascht. Ich hatte mir etwas Seelenhaftes und Gliederzartes gedacht; sie ist aber käferig rundlich, eine kleine musikalische Dose, und hat es mehr mit dem Drolligen als mit dem Sylphidenhaften zu tun. Sie ist gar nicht so weit vom Maikäfer entfernt, wenngleich sie nicht braun ist, sondern grauweiß, sicher der sonnengebleichten silbernen Ölbaumrinde zulieb, auf der sie gern lebt. Weit wölben sich kuglige Augen zu beiden Seiten des Kopfes heraus. Aber freilich, da sind ihr ein Paar Flügel geschenkt, die sie übers Käferhafte erheben: Libellenflügel, durchsichtig, mit schwarzen Stegen gefenstert.
Man läuft über die hellheißen Fluren und ist umtost von Zikadengeschrill. Tausendfach kleine Freundschaft. Man gerät aus dem einen Schallbereich in den andern; manchmal weiß man nicht mehr, woher der Schall kommt. Das Zikadenge-

schrill ist Ohrenbrausen im Außersichsein der Landschaft, im Mittagrausche des Lichts.
Denn sie singen nicht wie die Grillen am Abend, sondern in den heißesten Stunden. Sie sind dem Apollon heilig, die Kleinen; als Anbeterinnen muß man sie sehen. Hingerissene sind sie, mittägliche Hymnikerinnen. Sie leben von Baumsäften, die sie sich erbohren. Aber der Saft hat sie scheints trunken gemacht. Wenn man so läuft, selbst außer sich vor Mittagshitze und Licht, wird es mit einem Mal still, wie auf den Schlag. Dann erzeugt das Ohr einen Nachhall aus sich. Und wie auf ein Zeichen schmettern sie wieder, von allen Seiten, ihren Sonnengesang in ergriffenen Chören.

KLOSTERNACHT

Zum Kloster Große Höhle, das am Eingang von Arkadien liegt, steigt man aus enger Felsenschlucht in steilen Kehren hinauf. Nach und nach versammelten sich auf der wackeligen Holzgalerie zwanzig Mönche, sprachen und fragten, lächelten, nickten und wollten erforschen, was ich für einer sei. Sie hatten den Finger in die langen Bärte gesteckt; ein Diakon, der noch keinen Bart hatte, half sich damit, ihn in die Nase zu tun.
Die Mönche sind gastfrei; bei Adelphós Simeón war das Gastgeben geradezu eine Manie. Als ich ihm zugeteilt wurde, sprang er über die Steintreppen hinab und nahm meinen Rucksack an sich.

Bald brachte er mir Oliven und weißen Schafkäse, bald lief er die hölzerne Hühnertreppe hinab, um Harzwein zu holen. Wenn er nachdachte, verschwand seine Hand in dem großen Bart; solang konnte er nichts anderes tun, Nachdenken schloß alles aus.
Das Kloster ist eines der ältesten Klöster der Christenheit. Man steht hier möglicherweise an einem der großen Gräber des Geists. Als sich die Türken Konstantinopel näherten, zog man in diesem verborgenen Felsennest die kostbarsten, geliebtesten Handschriften der griechischen Welt zusammen, gewaltige Frachten antiker und christlicher Literatur. Bald darauf brannte das Kloster.
Auch neuerdings war der Klosterbau einem Brande zum Opfer gefallen. Die Brüder hausten in kleinen Hütten am Hang. Simeón räumte mir seine ein. Aber froh wurde ich in dieser Klosternacht nicht. Das Löschen der Kerze war das Signal zum Aufbruch der Wanzen. Die Ankunft neuen Blutes schien ein sensationelles Ereignis zu sein. Aufstand der Massen; das Jahrhundert kam auf mich zu. Ich hatte im gemarterten Halbschlaf den Eindruck, die ganze Hütte müsse löcherig ausgehöhlt sein wie ein Schwamm und falle vielleicht infolge des plötzlichen Auszugs zusammen; gewiß hatte sie nur durch die lebendige Füllung gehalten.
Alsbald floh ich ins Freie, indem ich mir vornahm, früh zu erwachen und den guten Simeón nichts merken zu lassen. Früh jedoch trieb ihn die Neugier herbei. Er sah mich unter der Platane liegen

und wiegte bekümmert den Kopf. Als ich vorgab, das griechische Wort für Wanzen, das er mehrmals hervorstieß, nicht zu verstehn, ließ er seine zehn Finger über die Hüttenwand laufen; da war nichts mehr zu leugnen.
Guter Simeón! Er schob es darauf, daß ich am nächsten Tage schon weiterzog. Doch gab er mir einen Brief an ein anderes Kloster mit, das heißt, er diktierte ihn mir; am Schreiben schien ihm nicht gelegen zu sein.
»Lieber Bruder Nathanael,« sprach er, mit den Beinen zappelnd und wühlend im Bart, »ich grüße dich. Nimm diesen Deutschen gut auf, gib ihm zu essen und auch zu trinken, denn ich sage dir, er ist ein guter Mensch. Bleib bei Gesundheit. Dein Bruder in Gott, Simeón.«

IN ARKADIEN UND AN DEN QUELLEN DER STYX

Ich aber ging nicht zu Bruder Nathanael, ich ging in die Berge.
Welt im Licht der arkadischen Berge, Welt über der Welt! Fluren von Licht, auf denen ich schritt. Ich begriff, was es sagen will: wandeln im Licht.
Die Täler und Hänge des Chelmós sind waldig. Mächtige Tannen, wie man sie sonst nicht in Griechenland hat, wurzeln auf kärglichem Boden. Im Dorfe Kalavrita hatte ich mir beim Bürgermeister ein Maultier und einen Treiber besorgt. Der Mor-

gen graute ohne Feuchte und Kühle, als ich den Jungen vorm Fenster gewahrte. Wir stiegen die Bergwege empor von Quelle zu Quelle. Die Quellen sind es, wonach Hirten und Wanderer den Weg messen. Jede wird vorher besprochen: die ist kalt, jene spärlich, die bleibt dann und dann aus, jene fließt das ganze Jahr über.

Die letzte größere war weitum berühmt und schoß klar, kalt und stark in den Trog. Als wir anlangten, waren soeben Herden zum Morgentrunke gekommen; alsbald ragten wir aus einer wollig wogenden Decke von Schafrücken auf, das Maultier, der Treiber, zwei Hirten und ich.

Wir waren hoch in den Bergen, als ich eine Rast vorschlug; aber mein Begleiter erklärte, jetzt komme bald Kosta und Kosta sei gut; er werde uns Milch geben, soviel wir wollten, und Käse und weiße Schafbutter. Er sei reich, sehr reich, habe zwölfhundert Schafe und drunten im Tal sechstausend Oka Getreide im Jahr. Auch mir schien, daß wir da gut aufgehoben sein müßten.

Kosta erwies sich als Freund. Zwar seine Behausung hatte ich mir im Hinblick auf seinen Wohlstand stattlicher gedacht; doch man stellt sich in Griechenland manches stattlicher vor als es dann ist; Wert wird gerne verborgen. Der Hirt und die Seinen hausten in ein paar Steinhöhlen, die ich anfänglich überhaupt nicht bemerkte, so wenig erhoben sie sich. Wohl aber bemerkten die Hunde uns; eh ich inneward, was da geschah, schossen von allen Seiten des stillen Tales, von den Hängen die halbwilden Tiere herab; die Hirten selbst nennen sie Wölfe, jeder Wanderer in Griechenland weiß, wie gefährlich sie sind. Ich schoß mit meiner Pistole drei, vier Male unter sie, aber da rannten schon die Hirten mit Stöcken schreiend und steinewerfend herbei, trieben die Meute zurück und geleiteten uns zu der Grotte, unter deren Eingang Kosta ruhig und selbstbewußt stand.

Es zeigte sich, daß Kosta nicht nur viele Schafe besaß, offenbar ruhte ganz allgemein Segen der Fruchtbarkeit auf seinem Haus. Aus verschiedenen Gehegen lugten immer mehr Kinder, die er auf meine Fragen für die seinen erklärte; es schienen mehr als zwanzig zu sein. Da sie sich alle im Alter zwischen fünf und fünfzehn befanden, mußte ihr Anbau auf mehreren Äckern erfolgt sein. Sie waren scheu wie die Murmeltiere; bei jedem Aufblick duckten sie weg, um alsbald wieder ein schwarzes Glutauge in die Lücke des Zaungeflechtes zu schieben. Es riß sie zwischen Neugier und Angst hin und her. Einmal griff ich mir einen, worauf rings aus dem Tannendickicht aus zwanzig Mündern ein Aufschrei erscholl. Der Kleine erwies sich als mutig und hielt meiner Anrede stand, breitbeinig, mit von sich gestreckten Armen und Fäusten. Doch sah ich an seinem Knie das zerrissene Hosenbein flattern. Ich war ja der Feind.

Inzwischen hatte der Vater der Schafe und Kinder das Frühstück befohlen; schwärzliche Mägde huschten, ihr Antlitz verhüllend, vorbei. Im reiserumhegten Rund vor der Grotte lief eine Sitzbank aus hingeworfenem Tannengeäst; ein weißer Wollmantel lag für mich bereit. In der Mitte war ein kreisförmiges Steingehäufel, der Herd. Hier briet frisches Fleisch. Rauch stieg in die Luft des Vormittags empor. Milch wurde kalt aus der Grotte gebracht und wir tranken sie so, wie es sich Milch zu trinken gehört: aus einer Satte, die man mit beiden Händen hochhalten muß; während man trinkt, sieht man nichts als das Weiße. Der Käse war weich und frisch. Brot wurde in Öl gebacken. Wein wurde mit kaltem Wasser aus tönernem Kruge vermischt.

Jahrtausende hatten hier nicht das geringste verändert. So also war es gewesen. Alles Griechische, was man auf den gemalten und ungemalten Bildern zu sehen bekommt, ist demnach zu glatt, zu gezähmt, zu angenehm und zu schön. Vielerlei Kräfte wirkten hier offenbar mit: das Karge, das Rauhe, das Spröde; einzig das Liebliche nicht.

Die Alm von Kosta lag ob der Baumgrenze. Von nun an stiegen wir über felsige, öde Hänge bergan, über Geröll, das grau und wüst war, aber verzaubert, wie sich eben auf griechisch das Karge mit dem Selig-Leichten vereint.

Den Steinpfad, vor einer Felswand herab, kamen drei Frauen aus dem Irgendwoher des Gebirges. Die älteste war unterm Kopftuch weiß. Jede trieb vor sich ein Maultier. Der Gang über die Berge, so beschwerlich er war, ließ sie dennoch nicht untätig sein; alle drei trugen Spinnrocken, die Kunkeln schräg vor dem Leib, und spannen während des

Gehens. Auf meinen Gruß blieben sie stumm, fuhren fort zu spinnen und die niedergeschlagenen Augen auf den Steinpfad zu heften, schritten vorbei und waren nach wenigen Augenblicken verschwunden.
In einem Sattel unter dem Gipfel, so hatte mir im Tal der Bürgermeister gesagt, sollte eine Berghütte sein; dort würde ich nächtigen können. Zwar war der Schlüssel nicht aufzufinden gewesen; aber schon daß er beinahe da war, tröstete und bedeutete viel.
Es ging gegen Abend, als wir, der Treiber, das Maultier und ich, am Sattel anlangten. Die Hütte, ein winziger Steinbunker, stand wirklich da. Meine Hoffnung, der Schlüssel werde sich unter dem Türstein oder auf dem Sims finden, erfüllte sich nicht. Aber da war ein kleines, mit Eisenflügeln versehenes Fenster, das nicht mehr recht schloß und sich eindrücken ließ. Ich kroch ins Innere des Hüttchens und konnte die eiserne Tür nun von innen aufmachen. Der Flügel sprang auf und ein Bergblick erschien: der schönste, den ich je sah, Höhen und Täler, tausendfältig und blau, eine ferne, lichte Musik. Mein Herz schlug vor Freude.
Wir machten Feuer. Die Sonnenluft durchzog jetzt am Spättag schon Kühle. Der Bunker besaß einen Kamin, Holz war vorhanden, man konnte kochen. Am anderen Morgen schickte ich den Jungen mit dem Maultier ins Tal, denn ich sah, daß die Schönheit des Götterortes zu groß war, um sie so schnell zu verlassen.
Etwa zweihundert Meter jenseits des Sattels sollte

ein Quell sein; er erwies sich als fingerdünner Strahl, der sich in ein großes Viereck von ausgehöhlten Stämmen ergoß: eine Tränke. Eine Schafherde mit zwei Hirten lagerte dort. Ich ging hin, um mir Wasser zu holen.

Anfangs waren die beiden kleinen Hirten verschlossen und antworteten nicht. Es wurde besser, als ich bemerkte: »pólemo kakó.« Das ließ sich doch hören. Alsbald kam von der anderen Seite die Frage, immer die erste, die ein einfacher Grieche an den neuen Freund richtet, eine Frage, immer mit Spannung gestellt: Hast du noch deinen Vater? deine Mutter? wieviele Brüder? wieviele Schwestern? Darüber zu hören und es selber sagen zu dürfen, ist immer mit Augenleuchten verbunden. Die Familie ist alles. Wenn man sie aufgezählt hat ist man auch mit dem Fremden ein bißchen verwandt.

Als ich zu meinem Hüttchen zurückgekehrt war und auf meiner Decke im Abendlicht lag, kam erst der eine, Giorgios, dann Dionysi, der andere, um den Besuch zu erwidern. Der eine brachte mir Milch und der andere Schafkäse. Besiegelte Freundschaft.

Während die Sonne zum Sinken kam, stieg ich über Geröll und Gefels zum Gipfel hinauf. Es war ein leuchtender Bergabend, windstill und klar. Das Hallen unhörbarer Glocken war über der Welt.

Da der Chelmos der höchste Gipfel der Peloponnes ist, sieht man über unzählige Berge, unzählige Täler, über das Meer von Korinth, den Helikon und den Parnaß. Das späte Licht ließ die Berg-

ketten magisch erglühen, die Täler versanken im Braunen.
Geläut von Herden quoll aus den Tiefen herauf von da und von dort. Ich empfand in diesen Tagen das Ziehen der Herden über die Hänge wie das Wandern der Sonne; uhrenhaft. Alles ging durch mich hindurch.
Die Hochtäler Arkadiens sind kaum bewachsen, man weiß nicht, wovon sich die Herden ernähren. Auf dem Kamm aber stieß ich auf eine grünende Flur, einen weichen Teppich von Alpengras. Ich schlug mich zur Erde und umarmte, soviel ich ergriff.
Von meinem moosigen Teppich aus hatte ich auf der anderen Seite des Kamms eine tiefer liegende Strunga bemerkt: so heißt ein Pferch mit Schafen und einer Hirtenbehausung. Ich lief hin, vom Kamm eine halbe Stunde bergab, in den Abend hinein. Aus den Tiefen stieg Kühle und Dunkel.
Die neue Nachbarschaft bestand aus fünf Menschen. Der Alte trug noch die Fustanella, den langen weißwollenen Hirtenrock, rot ausgeputzt, über enganliegender weißer Wollhose; darüber den braunen Ziegenwollmantel. Sein Bart war gekräuselt wie man es auf den alten Zeusbildern sieht. Die Mutter ein altgelbes Weibchen. Dann war noch ein Sohn da und zwei jüngere Hirten, Verwandtschaft.
Die Hütte war ein sauberer bienenkorbartiger Bau aus Reisern, mit einer Plane bespannt, davor das übliche Rund aus Gehege und Sitzbank. Der Staat

der Behausung waren die Decken, welche Sitze und Lager bedeckten: weißer dreifingerdicker Wollflausch, rauh, lebensvoll, tierhaft duftend, Gewächs der arkadischen Berge.
Wir unterhielten uns gut. Ich besah mir die Ausstattung der Hütte genau, vom Spinnrocken, der in der Ecke stand, bis zur Käsebütte. Im Gewölb oben, zwischen die Tannenreiser gesteckt, bemerkte ich eine Hirtenschalmei. Ich nahm sie heraus. Es war ein einfaches Rohr mit acht Löchern. Wer darauf spielen könne? Keiner wollte es sein, sie lachten verlegen. Schließlich mußte Mitso heran.
Es zeigte sich, daß er ein Künstler war. Ach, wie spielte er schön in den Abend hinein, ich glaube, eine ganze Stunde hindurch. In drei Lagen konnte er spielen; ganz hohe, überirdische Flageolettöne und außer der mittleren Lage noch einen kunstvollen Baß, zu dem er den Mund närrisch breitzog. Er spielte ein Tragudi nach dem andern, lauter kurze Lieder. Immer wenn eines zu Ende war, hielt er den Kopf schräg in den Abendhimmel hinein und zog sich was Neues herbei. Es waren hüpfende, zitternde Weisen, im Siebenachteltakt, wie ihn die Alten gehabt haben sollen; es klang weder traurig noch heiter, Traurigkeit ohne Verzweiflung und Munterkeit mit einem Schleier von Schwermut davor.
Pan ist nicht tot. Warum sollte er tot sein? Ist er es nicht, der morgens über die Berge läuft voll Eifer und hitziger Eile, und mit der Fackel die Säume bestreicht, daß sie sich entzünden? Ist er es

nicht, der Pan genannt wurde, weil er eine Lust für Alle war, und der jedem, der in sein Bergreich kommt, die Seele mit Erleichterung füllt? Ist er nicht der Kindliche, Nichtsvorhabende und dann wieder so Eifrige in seinen Geschäften, wenn er auf die Gipfel eilt über die schimmernden Höhen, um nach dem Rechten zu sehen, oder hinab, ob die Quelle noch fließt: er, der Kenner der Wege und Stege, ist er nicht immer noch da? Und der Schrekken hallender Einsamkeiten, das plötzliche Starren von Felswänden, ist es nicht mächtig wie je?

Es kann doch nicht Mitso gewesen sein, nur so aus sich, daß er die Flöte so blies am Abend?

Am andern Morgen erwachte ich in meiner Hütte davon, daß eine Gestalt in den Türrahmen trat. Es war der Alte mit dem Zeusbart in der Fustanella. Er war ungeachtet seiner achtundsiebzig Jahre den Berg heraufgetappt unter Ächzen und brachte mir einen kupfernen Henkeltopf fetter Schafmilch, noch warm. Es war ein Geschenk, ich hatte nicht darum gebeten, und die Milch war mir so viel wert wie der Einfall des Manns. Er selber wollte von seiner Guttat nichts hergemacht wissen und begann, indem er sich seufzend auf die Bank niederließ, mit Klagen über Alter und Zeiten. Als ich ihm zum Dank zwei Packungen Zigaretten anbot, nahm er sie nicht, obwohl er, wie ich am Vorabend wußte, gern rauchte und die Hirten im allgemeinen gierig auf Zigaretten sind. Ich fragte, ob sie ihm nicht schmeckten? Doch, erwiderte er, aber er nehme sie nicht. Warum nur? Ach, meinte er, ich sei

doch Soldat und meine Mutter, meine Brüder und Schwestern seien weit weg. Soldatsein ist Schicksal und Unglück.
Die Hirten Arkadiens sind arm, sehr arm, und abgesehen davon fehlte ihnen damals das Brot; sie lebten meistens von Milch und Käse allein. Alter und Krankheit haben größere Macht über sie als in den Städten, und ob sie besser und zufriedener sind als die Menschen im Tal, kann ich nicht wissen. Aber sag einem Hirten, daß es in seinen Bergen schön ist, so wird er es dankbar bejahen. Was sie besitzen, besitzen sie, solang sie das Augenlicht haben und das Rot erblicken, das ihnen der Morgen und Abend auf den Höhen entzündet, solang ihnen die Quellen klarbleiben, solang sie gesund sind und auf den Hängen liegen den ganzen Tag. Sie haben Zeit. Das Leben geht ihnen vorbei wie ein Lied. Sie haben nichts zu erreichen. Was ihnen das Leben schenkt, schenkt es von selbst. Der Ehrgeiz hat keine Macht über sie und deshalb verstehen sie vieles, was in der Welt geschieht, nicht. Sie kennen die Langeweile nicht, die Krankheit, deren Widersinn darin liegt, daß man heftig wünscht, die kleine Zeit möge verrinnen, während man zugleich von der Angst erfüllt ist, die große werde zu schnell verrinnen. Sie schenken gerne und leicht und ohne Selbstüberwindung, was allein den Namen des Schenkens verdient, weil dann aus dem Menschen Güte wie Göttliches quillt.
Um mich daran zu erinnern, daß meine Bergseligkeit endlich war, trat am Abend des zweiten

Tags etwas Unerwartetes ein. Ich war in meiner Hütte beschäftigt, Feuer zu machen, als vor der Tür Lärm entstand. Es waren drei Italiener, Besatzungssoldaten (das Land war ja von den Italienern besetzt), die aus dem Tal kamen, mit drei Maultieren, Waffen und großem Gepäck, derbe Kriegsknechte. Der italienische Commandante schickte sie mir. Ich weiß heute noch nicht, was sie sollten: waren sie, wie sie angaben, zu meinem Schutze vor Partisanen bestimmt oder kamen sie, weil man mir, einem einfachen Soldaten, der sich tageweit von seiner Truppe entfernt allein in den Bergen umhertrieb, mißtraute? Freilich war ich in militärischen Kategorien schwer unterzubringen; das eben genoß ich.

Der Geist, der mit Habebald, Haltefest und Eilebeute auf der arkadischen Bergflur einzog, war nicht der meine. Die drei brachten der Bergwelt nur im Hinblick auf Verzehrbares Interesse entgegen. Es war mir nicht lieb, daß ich sie nach einer Weile in Begleitung Dionysis auftauchen sah; er trug, verschwitzt, ein Lamm auf dem Nacken. Mit Witterung begabt, hatten die beiden Hirten beim Anblick der Italiener ihre Herde abzutreiben versucht, waren aber eingeholt worden. Nun mußte sich Dionysi gar daranmachen, mit einem rostigen Taschenmesser dem Lamm den Hals abzuschneiden; er verstand seine Sache nicht recht und bespritzte sich über und über mit Blut, übrigens ungerührt, da dergleichen Handwerk ja einmal zum Hirtenamt gehört.

Ich machte mir Sorge, meine Freunde könnten argwöhnen, ich habe etwas mit solchen Methoden zu tun, aber unnötig; man kann dem bewunderungswürdigen Hellblick eines jeden Griechen vertraun. Der Knabe ergriff die erste Gelegenheit, um mir zuzuflüstern, die Geschichte gehe unsere Freundschaft nichts an; es seien halt Italiener, Kinder, was könne man machen. Er tröstete mich, um mir zu ersparen, daß ich ihn tröste; auch bestand er darauf, daß ich vom Lammbraten mitesse, womit er weise die Fiktion aufrecht erhielt, als sei er der Gastgeber und befinde über die Teilnehmer am Mahl. Ebenso lehnte er ab, selbst mitzuessen, was wiederum eine kluge Vorwegnahme war. So nahm ich denn an dem Raub, den ich mißbilligte, teil. Er aber, der Besiegte, Beraubte und ein halbes Kind noch dazu, war der Herr der Situation.

Als ich mich im Abend auf einen Gipfel zu steigen aufmachte, bestand einer der Italiener darauf, mich zu begleiten. Ihn abzuschütteln gelang mir nicht. So ging ich voraus und war einsilbig zu ihm. Oben angekommen, setzte ich mich auf einen Stein, um in mein Tagebuch einzuschreiben; ich hoffte, Habebald durch Langeweile zu plagen. Er ließ sich, drei Schritte von mir entfernt, ebenfalls nieder und sah mir aufmerksam ins Gesicht. Ich ertrug es mit Mühe. Endlich schien es ihm in der Tat langweilig zu werden, er bat mich um ein Blatt Papier aus dem Buch, kramte einen Bleistiftstummel hervor und begann auch zu kritzeln. Nun schlug das Ennuyante auf mich zurück. Noch eine Weile hielt ich es aus, dann steckte ich Buch und Stift ein und fragte ihn, was er da schreibe; einen Brief an die Braut höchstwahrscheinlich? Nein, erwiderte er, er habe nur seine Eindrücke über die Landschaft aufsetzen wollen. Ich war stolz auf den sittigenden Einfluß, den ich offenbar auf Habebald ausgeübt hatte, und bat ihn, das Seine zum besten zu geben. Er tat es ohne zu zögern und las mit schallender Stimme im Abendwind vor. Es war gar nicht übel. Diese fertige Sprache gibt, ähnlich wie es das Französische tut, Jedem klingende Wortfolgen an die Hand, die es auch dem Ungeübten erlauben, etwas Gesichertes, gleichermaßen von Gefühlseligkeit wie von Plumpheit Entferntes zum Ausdruck zu bringen. Als er schloß, hatte der Lammfresser in meinen Augen gewonnen.

Am nächsten Tag wollte ich zu den Quellen der Styx. Mir stand der Sinn nicht danach, dies in militärischer Bedeckung zu tun; aber die Italiener hatten, wie sich ergab, Befehl, mich nicht einen Schritt allein gehen zu lassen. Ich bezeichnete also als Tagesziel einen Gipfel, welcher der Styx entgegengesetzt lag und brach sehr früh auf. Nach einer halben Stunde behauptete ich, etwas vergessen zu haben; ich müsse umkehren, komme aber gleich wieder nach. Die Italiener, unausgeschlafen, schwankten zwischen Trägheit und Pflicht und beschlossen zu warten. Ich verschwand in den Bergen und zog in die andere Richtung durch Morgenklarheit und Bergfinkengeschmetter zur Styx, dem Flusse der unteren Welt.

Ich kletterte eine Stunde lang über Gestein. Jenseits des Chelmos war ich in ein Hochtal gelangt; sprühendes Licht, von hellen Bergwänden und Mulden Schnees zurückgesandt, schleuderte festliche Ströme. Eine Alm lag mir zu Füßen.
Ich hielt darauf zu. Es war ein kläglicher Pferch, von einer Felswand beschattet. Der Hirt war steinalt, in Lumpen und triefäugig blind. Als er Schritt und Stimme eines Fremden wahrnahm, streckte er die Hand aus und lispelte ununterbrochen: »Zigara, zigara«. Zwei Buben lachten über den Alten und sagten, ich solle ihm ja nichts geben; er hatte ohnehin braune Finger vom Rauchen. Es war eine ärmliche Strunga. Die Hirten hatten kein Dach überm Kopf und schliefen im Freien; es wird aber auch im August da droben nachts außerordentlich kalt. Das Käsemagazin war in einem Felsloch, zu dem man eine schwanke Leiter aufstieg.
Ich fragte den einen Hirtenjungen, ob er mir den Weg zur Styx zeigen wolle. Er war gleich dabei. Wir zogen los. In der Ferne schwangen die Linien des Parnassos und des Helikon über der Bucht von Korinth. Unter uns hing das Hochtal. Es verengte sich alsbald nach abwärts zur Schlucht und führte rissig und zackenreich in die Tiefe. Doch war mir nicht zu Mut, als wehe mich Hadesluft an. Wir liefen an den oberen Säumen der Talschlucht entlang. Es waren filzige Matten, wie ich sie am ersten Abend gefunden, ein gleichsam geschorener Teppich von Alpengras, fest, federnd, geschwellt. Es blühte Lavendel und Augentrost in weißem Ge-

wimmel. Adler kreisten über der Tiefe. Blendende Schneegruben mit kühlen Höhlungen taten sich auf. Quellen sprangen eiskalt.

Der junge Hirt führte mich gut, ich hätte allein den Weg kaum gefunden. Wir schlängelten uns durch Klüfte und Felsen und zwängten uns auf kaum kenntlichem Pfade hinab. Da verhielt mein Begleiter mit einer bedeutenden Geste: wir waren am Ziel. Die Felswand zur Linken stieg zweihundert Meter senkrecht empor. Sie war rotglühend, die Sonne hämmerte auf sie ihr Licht. Zwei Staubwasserfäden rannen von oben über die Kimmung, verteilten sich über die runden abgeschliffenen Steine, sickerten, tropften, sprangen und sprühten herab. Es war das Styxwasser, von dem Hesiodos sagt, Iris schöpfe mit goldener Kanne aus ihm.

Am Fuß, da wo wir standen, wölbte sich die Felswand zurück. Es ergab sich ein Vorhang triefenden, eiskalten Wassers, der das Sonnenlicht tausendfältig auffing. Ich trat hinter ihn.

Der Bergwind nahm sich von Mal zu Mal einen Armvoll Zersprühtes von dem Gewände, das er zu lichtstiebenden Schleiern verblies.

Vögel kamen herzu und jagten durchs feuchte Gewebe von Wasser und Licht. Ich zog mich aus und ließ die heilige Flut mich überrinnen.

Als ich am nächsten Tage die ersten Schritte ins Tal hinab tat, war ich sofort von Sehnsucht zurückzukehren erfüllt. Lebt wohl, beide kleine Hirten am Quellgeviert, Giorgi und Dionysi, leb wohl, Vater Kosta mit deinen unzählbaren Kindern! Leb wohl, alter Thanassis mit der Rauchsucht und dem Felsenkeller voll Käse! Leb vor allem du wohl, alter Milchbringer im Zeusbart, und du, Flötenspieler Mitso, der du so schön auf der Hirtenflöte gespielt hast, wie ich es wahrscheinlich nie wieder höre. Gott schenke euch bald zu eurer Milch das Stück Brot.

LYKAION

Das Lykaion ist der Gipfel eines Gebirgs in der Mitte Arkadiens; ein uralter Zeuskult ist dort, und außerdem ist es die Geburtstätte Pans, seine Heimat und sein liebster Aufenthaltsort. Auf dem ein wenig abgeplatteten Gipfel war für Zeus ein Aschenaltar; noch sieht man die Basen für die zwei goldenen Adler, bei denen die Grenze des unbetretbaren Heiligtums war. Zehn Minuten darunter findet man die Trümmer eines Heiligtums für Pan. So ist man im Herzen Arkadiens. Man überschaut das ganze, hochliegende, wogende, immer neu aufgefaltete Land. Nördlich rafft es sich zu den weißen Zacken des Erymanthos, des Geburtsorts des Hermes, und südlich zum Schnee des Taygetos auf. Auch das Meer war ganz in der Ferne zu sehen, und die Insel Zakynthos. Dazwischen die vielen, vielen Hügel, Berge und Ketten, die das Land aufteilen und die griechische Welt so groß und vielfältig machen, alles in zärtlichstem Blau, duftig, blütenblatthaft. Das Lykaion ist das innerste Blü-

tenblatt dieses Landes, das seine Süße nur in Momenten enthüllt.
Aber wie es so geht: so wunderbar der arkadische Bergblick auch war, die erfüllte Stunde des hingerissenen Tags war nicht an der berühmten Gipfelstelle, sondern an einem namenlosen Brunnen im Berg, oberhalb des Bergdorfs Karyés, das halb unter Nußbäumen, halb unter Weißpappeln lag. Die Quelle war mit den letzten Bäumen bestanden, denn das Dorf liegt so hoch, daß wir uns verwetteten, nun könne es bestimmt nicht mehr kommen. Heiße Mittagstunde; aber der Quell rauschte kalt in ein eiförmiges Becken, Herdenglocken erklangen, zwei Kinder holten uns Milch aus dem Dorfe herauf. Hier war Pan mehr, als er droben bei den Trümmern seines Heiligtums war. Das Dörfchen zitterte unter uns im hitzigen Licht: der kleine Friedhof, die Häuser mit grauen Steinplatten gedeckt. Die Pappeln flüsterten, wir waren erhitzt, die Quelle eine unbeschreiblich reine Erquickung.
Wieder dies Trinken am Quell und wieder diese Erquickung. Also kann ich durch den gewöhnlichen Umstand, daß ich Durst habe und ein kalter Bergquell mich labt, zum Erlebnis der Fülle gelangen, das heißt aber, zu dem einzigen Erlebnis, das es überhaupt gibt. Wie merkwürdig: das Erlebnis der Fülle kann also auch der Körper gewähren, wenngleich nur auf der Schattenseite, indem man einen Mangel erfüllt. Aber es *ist* das Erlebnis der Fülle.
Der verleumdete Körper. Das verleiht ihm doch einen unerwarteten Rang. So muß die Körperwelt

allermindest den Wert eines Bildes besitzen. So kann Natur doch nicht abgetrennt, nicht verstoßen und nicht ganz verdammenswert sein. Körper ist Zugang. Das bleibt von Olympia in jedem Falle bestehn.

KARYTAINA

Karytaina ist ein Felsendorf am Fuß des Lykaion; es besitzt eine großartige Burg aus der Fremdherrschaft der Franken. Man verliert den einzelstehenden Felsen, auf dem die Zwingburg bösartig liegt, auf den Gängen übers Gebirg kaum aus dem Aug; immer wieder kommt sie zum Vorschein, immer wieder anders gruppiert. Um den Burgberg fließt der Alpheios herum, blau, schnellend und strudelnd, zu tiefen Becken gestaut. Die Häuser des Dorfs, ganz kubisch, treppen sich übereinander; das Dorf verschmäht jede Lieblichkeit; es ist rauh, von unglaublicher Kraft.

Am Abend nach Sonnenuntergang saßen wir auf dem Balkönchen einer Garküche, die der Bürgermeister des Ortes betrieb, ein hochgewachsener, ausgezeichneter Mann. Das schmale Lokal war von der obersten Dorfgasse aus zugänglich, auf der anderen Seite ging es auf dieses Balkönchen hinaus. Es hing über Abgrund und Dorf, gegenüber der Burg; man übersah die Ebene und die Berge in Bläue. Als Akzente überall schwarze Zypressen. Der Alpheios glänzte im letzten Licht.

Während man drinnen beim Schein einer Öllampe briet, unterhielt uns Kostaki, das Söhnchen des Bürgermeisters, sofern er nicht mit schlotternden Schuhen für die immer zahlreicheren Gäste des dunklen Gastzimmers roten, etwas moussierenden Wein herbeiholen mußte. In den Pausen dieses Geschäftes stand er bei uns. Er stellte uns sein Schwesterchen Helena vor, das große und schöne Augen besaß. Ob sie nach der schönen Helena aus dem Homeros benannt sei? Nein, nach der nicht, sondern nach der, die das Kreuz wieder auffand, du weißt schon. Kostaki, Weinholen; éphthasa, bin schon da. Alsbald aber war er wieder zurück, um uns weitschweifig die Geschichte des Freiheitshelden Kolokotronis auseinanderzusetzen, denn der berühmte Mann war aus dem Dorfe gebürtig. Der mit dem Schnurrbart? Ja, mit dem Schnurrbärtchen, weißt schon. Er war voller Begierde und so von Wissen erfüllt, daß er zuweilen ins Stottern geriet. Auch der Kaiser Konstantinos Palaiologos geriet in Kolokotronis' Lebensgeschichte. Dann, kurz bevor er ins Bett geschickt wurde, er teilte es mit den Geschwistern, alle in Kleidern, zu dritt, mußte er noch die Sache mit Archimedes loswerden, mit Archimedes, dem Weisen, weißt schon: er habe Kreise auf den Boden gemalt, aber dann seien Soldaten gekommen, die Deutschen, weißt schon, und hätten alles kaputt machen wollen. Aber der Archimedes habe ihnen den Kopf abgehaun.

Da wir uns mit dem wachen Kind ausgezeichnet verstanden, wollten wir es für den andern Tag zum Kloster mitnehmen und leiteten teils auf direktem, teils auf indirektem Wege Verhandlungen ein. Zuletzt aber kam er traurig zurück: »d.. d.. den m'aphinun. Sie lassen mich nicht.«

ARKADISCHES FELSENKLOSTER

Ein griechischer Freund hatte geraten, in Arkadien das Kloster Tu philosophu zu suchen. Das war insofern mit Schwierigkeiten verknüpft, als sich nicht herausbringen ließ, wo in Arkadien es lag. Die besten Karten, die es von Griechenland gibt, wußten es nicht; es gibt eben keine gute Karte des Landes. Auch die Archäologen hatten davon nichts gehört. In Karytaina wußte man es; es war nur auf Fußwegen übers Gebirg zu erreichen, so daß wir uns einen Wegbegleiter ausbitten mußten.

Wir gerieten mitten in die Stunden des Panschlafs hinein. Der Weg lief durch parkhaftes Gelände, mannshohe Macchia, die es nicht allzuoft in Griechenland gibt: Erdbeerbaum, blühende Myrte, Eichenbüsche der stacheligen Ilex-Abart, die kleine zähe Blättchen abwerfen, so daß man auf einem federnden Laubteppich geht; dazwischen uralte, hohe Platanen, die grüne Lichtfluten spenden, und wilde Ölbäume. Heiße, mittägliche Wildnis. Hohe Erika blühte, Thymian, Majoran; plötzliche Duftwellen von irgendwoher. Die Nachtigall schluchzte, die Amsel sang, Meise, Zaunkönig, Stieglitz, Bienenfresser und Fink waren da. Die Turmfalken

boten ihr hellbraunes Gefieder so gegen das Licht, daß es ganz rosa aussah. Auf Stunden kein Mensch. Doch stand da manchmal ein Esel oder es lagen im Baumschatten Ziegen, die irgendwo zugehörig sein mußten. Eidechsen und Käfergeschwirr. Pans Landschaft wäre nicht vollkommen gewesen, hätten nicht auch die Zikaden geschrillt.
Auf einmal standen wir am oberen Rand eines Felstals, das mit Platanen gefüllt war. Dazwischen rauschte der Lusios, ein Alpenfluß in kiesigem Bett, wie Mangfall und Loisach, nach Süden versetzt; saphirblaues Wasser in grünen Platanen-Lichtfluten. Wir stiegen hinab und lagen lange am Ufer, vom blauen Überflusse des Wassers und dem mittäglichen Lichte berauscht. Das ist der Sturz in die Landschaft, das sind die Stunden, in denen gar nichts geschieht und um derentwillen man reist. Das gegenüberliegende Ufer war steil, auch von Platanen besetzt. Ab oberen Rande zogen zwei Mönche mit einem Esel des Wegs, Bärte und Rundhut. Unter einem Maulbeerbaum hielten sie an. Die Gruppe war in Schattenbildschärfe zu sehen. Der jüngere hob beide Arme zu den Zweigen empor, um sich Beeren zu pflücken. Der andere sprach auf ihn ein; das Spiel seiner Hände, ja der einzelnen Finger war von einem Reichtum, der aufregend war, tief erheiternd; die Arme waren von oben bis in die Spitzen belebt und bewegt. Vielleicht war es nur ein Wirtschaftsgespräch, aber bald wurden die Sätze gestreichelt, wie die Liebe es tut, bald geformt wie aus Ton.

Wir folgten dem Flußlauf bergan. Es war die Gegend, wo die arkadische Stadt Gortys stand, die man jetzt ausgräbt. Das Tal schloß sich, auf einmal war Feuchte und Kühle, ein völlig verändertes Bild. Die Felswände traten zusammen, der Baumbestand war so reich, daß die Schlucht ganz angefüllt schien. Dazu auf einmal gebahnter Weg, parkhaft: merkwürdig in diesem wegarmen Land, dieser Wildnis. Die Nähe des Klosters zeigte sich an. Aus überhängenden Felsen schoß eine sehr kalte und starke Wasserader hervor. Man hatte den Strahl, bevor er in den Lusios stürzte, gezwungen, sich in einem Felsentroge im Kreise zu drehn; das war das Waschfaß des Klosters.
Dann war dieses selber zu sehen, unglaubhafter Anblick. Hoch droben am Felsen, der vollkommen eisenrot war, im Überhang, war ein Häusergenist, eine Art Galerie, gegen den Abgrund mit schrägen Stützen gestemmt. In die Felswände gingen Höhlen und Bohrlöcher wie Ohrengänge hinauf. Und, was dem ganzen Gewese den Charakter verlieh: von unten her treppten ungeheure Zypressen empor, Exemplare der säulenhaften und der breitästigen Art. Durch sie und die senkrechten Felsen bekam alles einen Emporriß nach oben.
In den oberen Bereichen der Felsen hausten Schwärme von Dohlen, von deren Klugheit ich durch meinen Reisebegleiter erfuhr. Ich hatte bisher nur das Lugubre des Vogels beachtet, man hat aber jüngst die geradezu rührende Sittenstrenge der Dohlen erforscht, ihre Verlöbnis- und Ehege-

bräuche, die soweit gehen, daß sie die Ehe niemals, das Verlöbnis nur sehr selten brechen.
Wir hatten am Waschtrog eine Stunde verweilt, um nicht in der Mittagsruhe und nicht zu erhitzt ins Kloster zu kommen. Jetzt stiegen wir die Schlängelwege hinauf. Durch eine Holzpforte traten wir in den Klosterbereich, von der Seite natürlich; das schmale Terrain ließ eine andere Dimension gar nicht zu. Als erster begegnete uns ein etwa zwanzigjähriger Bruder, der mädchenhaft aussah; der blonde Bart hatte es erst zu schütterem Ansatz gebracht. Es war der Maulbeerenpflücker. Er schien mit Hausarbeit beschäftigt zu sein, ließ sie aber und führte uns in den Klosterbau ein. Steintor, dahinter der Brunnen: aus dem Felsen schoß durch ein Holzrohr, das mit einem hölzernen Pfropfen verschließbar war, ein kalter und meterweit waagrechter Strahl. Dann sog uns ein schräger Korridor ein und ließ uns, wie von selber, über Kehren, Stein- und Holztreppen nach oben gelangen. Wir sahen uns auf einem unregelmäßigen, dreieckigen Sitzplatz, einer Art Flur; als Rückwand trat der gewachsene Felsen ans Licht, der mit heiligen Bildern bemalt war; andererseits Zellen, deren Fenster auf den grünen Abgrund ausgingen. Ringsum Wandbänke; nach obenzu offenes Dachgebälk, sorglos mit Wellblech gedeckt. Alles gebaut und eigentlich doch nicht gebaut, tausend Jahr alt und doch nur genistet. Ein inneres Fenster gewährte den Blick in die dämmerige Kirche hinab, die hier, reiner Innenraum ohne Fassade, als verborgenste

Zelle halb in den Felsen gegraben mitteninn lag. Ein paar Tage später, als wir nach Athen zurückgekehrt waren, versuchten wir, uns über den Grundriß dieses Gebäudes einig zu werden; es war aber schwer. Zwei Tage vorher hatten wir den Tempel von Bassai gesehn: unmöglich, sich über dessen Grundriß nicht sogleich einig zu werden. Da ist kein Geheimnis; dies Kloster aber war nichts als geheim. Seine Architektur war nur da, um sich zu verhüllen. Kein Darstellungswille; eine Gotteshöhle, im Vergleich zu der freilich viele christliche Kirchen der westlichen und der östlichen Welt eher Tempel als Kirchen sein könnten.

Nach und nach fanden sich auf dem dreieckigen Flur Patres ein; es gab in dem ungeheuren Genist nur acht oder zehn. Schnell freundeten wir uns mit einem vielleicht fünfunddreißigjährigen an; wie wir später erfuhren, war es der Stellvertreter des Abts. Es war derselbe, dessen Schattengesten uns am Mittag entzückten. Er führte uns auf unser Zimmer: vom Sitzplatz noch weiter nach oben, über eine Holztreppe, einen anderen Flur, eine offene Galerie überm Abgrund entlang; da war es am äußersten Ende. Fenster nach zweierlei Seiten. Eine hinreißende Gondel. Er deckte uns selber den Tisch, nahm aus einem Wandschrank, dessen schadhaftes Schloß durch einen dagegengelehnten Stuhl ersetzt war, Brot, Krüge und Schüsseln; Eier, Wein und Käse wurden gebracht, es war Nachmittag, ganz außer der Zeit.

Wir sprachen darüber, wie merkwürdig es sei,

daß die östliche Kirche seit tausend Jahren keine dogmatischen Neuerungen und Änderungen mehr kenne, obgleich, wie jedermann weiß, die allgemeine Gläubigkeit die Glut alter Zeiten bewahrt. Wir fragten, wer denn entscheide, wenn es einen Glaubenstreit gebe. Er sagte: »Ein Konzil. Aber wir streiten seit tausend Jahren nicht mehr.« Wir erwiderten, daß bei uns so etwas ganz unvorstellbar sei; woher wohl dieser Unterschied komme? Er schwieg einen Augenblick still, um dann zu sagen: »Das kommt von eurer Philosophie.«
Ich reichte ihm im Einverständnis die Hand.
Am Abend tauchten wir noch einmal hinab in die Schlucht; auf der anderen Seite hinauf und noch eine Stunde weiter war das verfallene Kloster Tu philosophu und die sogenannte Schule zu sehen, eine heimliche Schule zur Zeit der Türkenherrschaft. Als wir davorstanden, sahen wir eigentlich – nichts, nur eine lange Mauer aus geschichtetem Stein mitten im Felsen; kleine Fenster und Schießscharten darin, kein Zugang; Leitern mochten gedient haben. Erst von unserem Zimmerfenster erkannten wir es mit dem Fernglas genauer: da bot sich die befestigte und bewaffnete Schule als eine lange Felsgalerie dar, in die sogar ein gekuppeltes Kirchlein eingebaut war.
Wir kehrten zur Vesper ins Kloster zurück. In der Dämmerung nahm uns der Kirchenraum auf. Raum? Eigentlich war es kein Raum, eher ein Raum wider Willen. Er besaß kein natürliches Licht, das einzige Fenster ging nicht ins Freie. So

war die Kirche nur durch den Schimmer der langen und dünnen, goldgelben Kerzen erhellt, die in einem Blechgestell steckten. Das Gewände der einen Seite war der natürliche Fels, der mit Malereien bedeckt war; kaum eine Handbreit war frei. Dünnes Chorgestühl säumte die Seiten. So sehr leugnete dieser Kirchenraum, überhaupt Raum zu sein, ab, daß er mitten in der Längsachse geknickt war; was hinter der goldenen Ikonenwand war, verlor sich seitlich im Dunkeln.

Und doch war es der stärkste Kirchenraum, den ich je sah. Hier war das Licht in der Höhle, schoßhaft. Hier war die Einkehr gebaut.

Der Gottesdienst währte nicht lange; die geistlichen Übungen beschränken sich auf zwei halbe Stunden am Tag. Daran gemessen wird in abendländischen Klöstern sogar der Glaube zur Arbeit gemacht. Das wird hier nicht gewollt. Sie hatten sich die Maria von Bethanien, die den Schaffgeist verschmäht, zum Vorbild genommen; wir äußerten das, und ich glaube, wir gewannen dadurch. Weder Taten der Nächstenliebe an Unmündigen oder an Kranken, noch forschende Theologie: alles dies nicht. Nicht Gottesgelehrsamkeit, sondern Gottschau. Das Leben scheint nur den Sinn zu haben, ihm so viel Gewicht zu nehmen, daß es wesenlos wird. Kein Schmerz, keine Lust. Diese Klöster sind Inseln, aus Zeit und Leben genommen. Zeit wird gelöscht, indem man sie ganz und gar inhaltlos macht. Das ist für den tatenbesessenen abendländischen Sinn sicherlich schwer zu verstehen. Doch wird jeder zugeben, daß es eine tröstliche Vorstellung ist, in einer tätigen Welt solche Inseln zu wissen, Inseln verleugneter Zeit, wie Augen auf Flüssen.

Wir hatten die Kirche zugleich mit den Vätern verlassen und gingen auf die kiesigen Wege hinaus. Der Mond, im zweiten zunehmenden Viertel, erfüllte mit weißem Fluten die Schlucht. Er ließ die Zypressen wie vollkommen schwarze Säulen erscheinen, die wiederum schwarze Säulen auf die Kieswege warfen. Die Platanen im Grund waren Silber, die Felswände behielten auch jetzt noch ihr Rot.

Zu den Erfahrungen, die man beim Schreiben macht, gehört die merkwürdige, daß einem wie gerufen Dinge zuschießen, Nachrichten, Gespräche, Bücherstellen und Briefe, die man nur einfügen muß; oft merkt man im ersten Augenblick nicht, wozu sie gehören, sobald man sie aber einsetzt, sieht man, wie sie die ganze Umgebung erhellen. Als ich von diesem Klosterbesuch nach Athen zurückkam, fand ich den Brief eines Freundes vor, der in der Wolfenbütteler Bibliothek in die romanischen Handschriften des elsässischen Klosters Weißenburg vertieft war. Er schrieb: ›Ich wünschte von Ihnen Nachrichten über die Anlage griechischer Klöster zu hören. Ich finde es schön zu wissen, ob dem Mönche, der abends die Kirche verläßt und dem Dormitorium zustrebt, die Mondschatten *vor* die Füße fallen oder *zurück*.‹

Auch uns nahm alsbald das Dormitorium auf.

Kauz und Eule waren anwesend, der Lusios rauschte aus der Tiefe herauf, darüber spannte sich seidig der Himmel, der nur mit einer einzigen Silbersträhne besetzt war, wie um auf seine grenzenlose Klarheit aufmerksam zu machen.

SPARTA UND MISTRA

Der Lastwagen kroch wie eine Raupe die Bergstraßen hinauf und hinunter, endlos. Es war staubig und heiß. Als das Schalten anzeigte, daß wir wieder einmal auf der Höhe eines Bergrückens waren, schlug ich die Plane zurück und sah unter mir die Bläue eines herrlichen Tals. Jenseits in ganzer Breite ein Hochgebirgszug mit einem Kamm, der schartig und schneebedeckt war. Das konnte nur der Taygetos sein. Ein Lichtvorhang hatte sich vor der langen Kette entrollt, ein Geweb aus Bläue und Schatten, von helleren und dann wieder trüberen Bahnen durchschlagen.

So hinreißend schön also lag Sparta. Und so fruchtbar. Als nämlich der Wagen im Talgrund angelangt war, zeigte sich gartenhaft südliche Fülle an klaren Hochgebirgswassern, die sich in hundert Kanälchen verteilten. Orangen- und Pfirsichwälder, Feigen, Mais, Öl. Alles so kräftig und frisch, wie es sonst kaum in Griechenland war.

Also reichlich hatten es die Spartaner, nun kam es auf einmal heraus. Wie war es möglich, daß sie mit ihrer Blutsuppe und ihrem Kargtun der Welt bis auf den heutigen Tag vormachen konnten, sie seien harte Söhne eines harten Bodens gewesen? Das war doch nichts als der Bauernpfiff, hinter Klagen den Wohlstand ein bißchen weniger auffällig zu machen. Das war doch bloß Puritanermanier, sich nichts zu gönnen und andern auch nichts zu gönnen und zu dem ausgemacht reichsten griechischen Land auch noch das zweitreichste, Messenien, unbedingt dazuhaben zu müssen. Lustig: Attika, das sich so aufs Genießen verstand, lag in steiniger Dürre und dieses Sparta lag so in der Frucht.

Sparta, das Modell, welchem all die famosen Ideologien nachgeformt sind, die den Staat oder sonst eine Gemeinschaft zum Abgott erheben und sich so vom persönlichen Leben abschneiden, existiert aus seinem Verhältnis zum Schmerz. Deshalb empfiehlt es sich, von der netten Landstadt, die Sparta jetzt ist, zum Fuß des Taygetos hinüberzulaufen, an dessen Hang sich die Ruinenstadt Mistra hinzieht. Dies Gegenüber von Sparta und Mistra ist eine eindrucksvolle Demonstration; zwei vorgeschobene Posten blicken sich da in die Augen. Das Unterscheidende ist: Sparta hat eine Beziehung zum Schmerz und Mistra zum Leiden. Das wäre dasselbe? Doch nicht. ›Schmerz‹ bleibt in Körper und Willen gefangen; für den Schmerz aber, der Widerfahrnischarakter besitzt, also in Nehmen und Tragen eine Verbindung zum Überirdischen hat, hat sich die Sprache das Wort Leiden gewählt. Für diesen transzendierenden Schmerz aber hat schon

Giotto die gültige Metapher gefunden: in dem Bild des heiligen Franz, zu dessen fünf Wunden fünf Strahlenbahnen von oben herlaufen – oder führen sie vielmehr dorthin?

Sparta

Mistra: Hof des Metropolisklosters

Ich hatte den Anblick der toten byzantinischen Stadt, während die Sonne aufging. Mistra, sich bergwärts auffächernd, empfing erstes Licht. Aus tausend erblindeten Augenhöhlen starrte die Totenstadt gegen Osten und grüßte den Morgen, auch diesen heißen, auch diesen zwecklosen noch. Ich sah sie wie einen Leprösen, der, in weiße Laken gehüllt, die knöchernen Arme ausbreitet, um den Sonnengruß zu empfangen.

Türme, Mauern, Terrassen, Kirchenkuppeln, Gewölbe. Mistra beginnt am Fuß des Gebirgs und dehnt sich weit über den Hang bis zur fränkischen Ritterburg aus. Man geht durch Gassen und Tore. Alles zerfallen. Nur Kirchen und Klöster stehen noch leidlich, sechs, sieben, acht. In den Höfen wächst Gras. Auf den Mauern nickende Blumen.

Der Säulenhof des Metropolisklosters hat sich in

Anmut erhalten. Säulen und Bogen und Holzgalerien darüber. Die vierte Seite blieb offen ins Tal. Zitronenbaum und Zypressen wachsen vom versunkenen Garten herauf.
Eine alte Frau kam die wacklige Treppe herab von

Mistra: Pantanassakloster

der Holzgalerie. Schwarzflatterndes Kopftuch und Lumpen. Mit eingefallenem Altersmund sang sie mir gellend das Klagelied der Kriegszeit und Not. Dann, ohne Übergang, begann sie vom Kloster zu sprechen; jetzt merkte ich erst, daß es die Beschließerin war. Jammernd, als sei es im gegenwärtigen Kriege passiert, beschrieb sie mir die schaurige Szene, die vor Zeiten, als die Türken einbrachen, das Ende der Christenheit war. Der Konvent hatte sich vor dem Klosterportal in der engen Berggasse den Muselmanen gestellt, der Abt an der Spitze, dann alle Väter und Brüder. Kostbare Gewänder, Gesang und brennende Kerzen, heller Tag, heiße Sonne. Eine Prozession in den Tod. Die

Mistra

Türken fielen über sie her und schlitzten die Leiber; die Hunde fraßen der sterbenden Mönche Gedärm.

Morgenluft strich über den Hof, Taygetosluft. Der Talblick von Sparta wurde vom zierlichen Raum angemessen empfangen.

Ich ging weiter durch Höfe und Kirchen. Es waren christliche Mauern, also, nach antiken Maßen gemessen, eigentlich überhaupt keine Mauern, höchstens Gemäuer. Von Anfang an waren sie dem

Ruinenhaften verwandt: bröselig und gebacken, gestopfte Ziegelbrocken, geröstete Dächer. Wer so baute, wollte nicht für die Ewigkeit baun; Hinfälligkeit war gleich miteingebaut, als ob man der Vergänglichkeit nur eine kleine Weile abhandeln wolle. Das trug schon Tod und Verfall im Geblüt.

Mistra: Burg des Despoten

Und so etwas in dem Land, dessen klassische Mauerreste noch immer Morgenfrische und exakte Jugend ausstrahlten?

In einer der Kirchen, die sich dem Berg ankuscheln, war ein Zyklus der Wunder zu sehen, die Heilung des Blinden, des Lahmen, des Aussätzigen, des Beseßnen. Verzehrende Welle des Leidens.

Aber einst war doch im Tal von Sparta gesunde Kraft und der Kultus des blühenden Leibes zuhaus?

In einer verfallenen Kirche sah ich eine Halde von Totengebein. Die Mauer, die vordem das Ossuarium hielt, war geborsten; nun fiel das Schädelgepolter wie eine bleckende Zunge aus aufgerissenem Maul.
Welcher Einbruch des Leidens. Welcher Einbruch in eine Welt, die von Leiden sehr frei zu sein glaubte: denn man hat doch die Vorstellung, die Antike sei in geringerem Maße von Gebrest und Krankheit befallen gewesen.
Sicher, Sparta hat alles getan, um den Schmerz zu zertreten. Man überwand den Schmerz, indem man leugnete, daß er eine Macht sei. Der junge Mensch am Altar der Artemis geißelte sich ohne Klagen, bis das Blut floß. Die junge Frau sah täglich das blaue Gebirge des Taygetos an, wo die Kinder, die die Taxe des Staats nicht erfüllten, abgeschafft wurden. Vieles hat Sparta erfunden, was spätere Verächter des Schmerzes begeistert nachgeahmt haben, so vor allem das Lager. Zum Staatswohl, im Dienste des Idealismus wurde der siebenjährige Knabe aus der Familie gerissen und ins Lager gebracht, das dann zwanzig Jahre lang seine Heimat und sein Seelentod war. Gelobt sei, was hart macht.
Also, wo blieb dann der Schmerz? Denn natürlich, die Summe des Schmerzes bleibt immer leicht, nur daß er, unterdrückt, wie eine Fumarole irgendwo unvorhergesehen austritt. Es ist immer Gefahr, daß man den Schmerz, dem man nicht die Ehre erweist, den man nicht anerkennt und bei seinem

Namen anspricht, Andern zufügt: denn irgendwo muß er ja bleiben. Wenn der Schmerz nicht empfangen wird wie ein Fürst, zieht er sich, das ist schon möglich, zurück. Aber als Schmerz der Sklaven, als Unbarmherzigkeit kehrt er wieder: und dann reitet er ausnahmslos Alle.

OLYMPIA

Die Kleinbahn von Pyrgos nach Olympia fuhr im Krieg nur zweimal in der Woche und besaß nur zwei Wagen, auf deren Trittbrettern die Menschen sich drängten. So zogen wir vor, auf der Lokomotive zu reisen. Die Maschine stieß heftig und spie Wasser und Öl. Sie trug die Jahreszahl 1907; es war anzunehmen, daß sie die gelobte Strecke schon dreißig Jahre lang lief und so war sie die Jüngste nicht mehr. Zweige von Feigenbäumen, blühende Akazien und schwertblättriger Eukalyptus schlugen zum Fahrerhäuschen herein. So fuhren wir durch das liebliche Tal in den leuchtenden Abend.

Das Meer blieb zurück. Die Hügel warfen einander ihre sanften Schwünge zu. Die Zypressen, einzeln aufs Hellgrün gesetzt, hatten schon längere Schatten als Stämme. In den Weinäckern hackten die Bauern und spritzten die Rebstöcke. Der Lauf des Alpheios glänzte herüber; es war sein Tal. Herzland war das; wir spürten, daß dort, wo wir hinwollten, in Hügel gebettet ein Herz schlug. Aus den Feldern stieg Feuchte. Es war, als sei man zuhaus.

Wenn man es in seinem Leben so weit gebracht hat und es wird einem eines göttlichen Morgens geschenkt, daß man vom Dorfe Olympia die gewundene Straße durch das Zypressenwäldchen hinabgeht zur Altis, zum heiligen Bezirk, dann ist das Glück dies: man betritt einen Wald, durch den streifige Lichtbahnen fallen, einen Hain, der im

Bei Olympia

Sommermorgendunst liegt. Der Tau hing dick auf den Gräsern, vom Boden auf stieg Gewölk, Dampf eines Opfers, das die Erde dem Lichtball der Frühe bringt. Zwischen den Stämmen schwangen die Hügel rosa überatmet im Morgen. Die Finken schlugen besessen, der Kuckuck rief, rief. Fernes und nahes Geläut ausziehender Herden drang mit dem Wind schwach und dann wieder stärker herzu. Der Genius der Landschaft hat die Einsicht gehabt, das ausgegrabene Trümmerfeld wieder an sich zu nehmen. Vom Kronoshügel ist der Kiefernwald herniedergestiegen. Er hat sich aufgemacht, ist gewandert und hat das durchwühlte Ausgrabungsfeld überdeckt. Wissenschaft, das fragwürdige Leiden, ist wieder verheilt.

Waldgerede, Sommergespräch. Aus den Zapflöchern der gestürzten Säulentrommeln blüht Klee. Schmetterlinge taumeln über dem Boden; er ist mütterlich braun und weich von abgefallenen Nadeln. Es duftet schwerheiß nach Harz. Ein Geschlecht von Eidechsen wohnt im uralt grauen Gestein. Eine Ringelnatter huscht auf und davon.

Alpheiostal

Das Gesumm von Käfern, Mücken und Bienen webt hin. Immer noch ruft der Kuckuck weither, Elstern krächzen, Nebelkrähen wechseln von Baumast zu Baumast. Die Stieglitze plappern und fliegen in Wolken auf und davon, der Zaunkönig schmetzt. Auf der Straße droben, die unterm Kronoshügel vorbeizieht, fährt ein Fuhrwerk, bimmelt und knarrt, und ein Wanderer stößt mit dem Stock.

Hier braucht man nichts dazuzulernen, man bringt alles mit. Alles findet man so, wie man sichs dachte, alles ist wie erträumt. Und doch nicht; dies und jenes hatten die Träume vergessen. In den Kiefernnadeln entzündet der Wind ein rauschendes Klingen. Es ist wie von Äolsharfen: ein Ziehen, das schwindet und schwillt. Gesang singenden Baumhaars. Ein Flüstern in Wipfeln, die regungslos stehen, ein Atmen in langen vernehmlichen Zügen.

Die Kiefernstämme haben dasselbe Grausilber wie der Kalk, aus dem der Tempel besteht. Es sind Muscheln, zu einem grauen Gemenge gebacken, deren jede einzelne Schale sich aber gesondert er-

Dorf Olympia

hielt. Als seien Myriaden schaliger Wesen herbeigekrochen, von heiliger Baugier erfüllt. Nun sprießt kleines Geblüh aus dem löcherigen Stein, den zehntausend Sonnen durchglühten.

Wie sie einst rollten im Tosen der schwankenden Erde, so liegen jetzt noch die ausgegrabenen Säulen, Trommel an Trommel. So ist die Tempelruine zu gleichen Teilen aus dem Fleiß des Aufbaus und dem Zorn der Götter gemacht. Bau und Zerstörung sind zu einem Dritten geworden: das war die einzige Möglichkeit für den Tempel, über die Zeit hinzukommen. Wie gut, daß sie die Säulen umgestürzt ließen; ein Tempel muß doch auch seinen Tod haben.
Denn der Tisch des Sockels blieb unversehrt, er ist zum Altar des heiligen Haines geworden. Drei hohe Stufen empor. Da stehen die Säulenstümpfe wie niedergebrannte Kerzen eines Gottesdiensts, der vorbei ist. Eisenhut und nickende Gräser ent-

Olympia: Zeustempel

wachsen den Fugen und ein Distelfalterpaar spielt über dem Tisch, von dem ein sonnenheißer Luftstrom aufquillt.
Ich schlief als Gast im Ausgrabungshaus. Es stand am Rande des heiligen Hains, ein jüngst erst gebautes, südliches, aber heimatlich deutsches Haus. Vollmond. Die Heidelerche trillerte mondsüchtig ihr Lied. Glühwürmchen schwärmten. Alles war anwesend, auch die Fernen, in denen Hügelketten die Altis klarheiter umschwangen.
Die Frösche quakten gewaltige Chöre. Vom Kladeos herauf drang leises Gerausch, wie die Nacht es vernehmlicher macht. Eulen flügelten lautlos von Baum zu Baum. Ein Waldkautz stimmte beim Dunkelwerden den klagenden Doppelruf an und blieb dabei, ohne Ermüden, immer im gleichen Takt bis zum Morgen. Pulsschlag der Nacht.
Ich lag und ließ die schleierblau helle Nacht mich durchziehn. Zuweilen schenkt das bloße Verweilen an einem Ort das Erlebnis der Fülle und die Gewißheit, angenommen zu sein.

ABER DIE GÖTTER SIND NACKT

Zur Heilung des Mißverständnisses, als hätten unsere Olympiaden irgend etwas mit den antiken zu tun, muß man bedenken, daß keines Siegers Standbild seine eigenen Züge aufweisen durfte. Erst wenn ein Kämpfer in drei Spieljahren siegte, was so selten vorgekommen sein mag wie bei uns, war ein ähnliches Bildnis erlaubt, denn jetzt war es sicher: der Gott liebte ihn. Vordem hatte er sich seiner nur als irgendeines Namenlosen bedient. (Dies halte man gegen das Fotografieren unserer Sportgötzen, wonach die Gesichter beliebig oft ausgestanzt werden wie Blech.)

Also, wo ist dann der menschliche Stolz der Antike? Falsch ist jede Berufung auf ihn. Man denkt: Selbstbestimmung, und man findet: die Demut war ohne Grenzen. Man denkt: Weltglück der Heiden, und man findet: ohnegleichen war die Bereitschaft, das Eigene zu löschen und das Göttliche im Persönlichen walten zu lassen, im Leiden, im Sieg.

Hingegen ruft der olympische Glaube, man könne durch Leibesschönheit und tüchtigen Adel näher zu den Göttern gelangen, in uns die Schwermut hervor, mit der man Verlorenes, Verscherztes bedenkt. Das waren Zeiten, in denen die Lust der Schöpfung noch empfundener war. Wer sich der Schönheit zuwandte, hatte nicht das Empfinden, Gott abgewendet zu sein. Der Entzückte war vom Atem der Götter gestreift. Dabei ist es der Gedanke der Ebenbildlichkeit, welcher gewiß der Knospenpunkt ist, wie im Schöpfungsbericht. Weil der Mensch Gottes Ebenbild ist, ist es gottgefällig, die Schönheit zu steigern, zu preisen, zu ehren. Man kämpft sich empor. Der Sieger, Liebling der Götter, ist ihnen näher gerückt. Wo ist denn der Vater, der seine Kinder nicht schön haben will? Strahlend vor Jugend und Kraft, so gefallen sie ihm und so eilen sie ihm an die Hand.

Immer erinnerte man sich gern der alten Geschichte, wie einmal ein olympischer Kämpfer während des Wettlaufs den Gürtel löste, um schneller laufen zu können. Er siegte. Seitdem kämpfte man nackt. Im Götterdienst also begann der Adel des Nackten; es war eine höhere Stufe als die Verhüllung vorher. Denn auch der Wille verhüllt sich; aber die Götter sind nackt. Der Mensch, im Dienste des Gottes, entblößt sich, wie sich das Kind vor dem Vater nicht schämt. Es ist ein Akt des Vertrauens: Hingabe, Kindschaft ist da.

DER BIENENFRESSER

Ziemlich genau zehn Jahre danach sah ich Olympia wieder. Eigentlich wollte ich gar nicht hin, denn ich war überzeugt, von meinem ersten Besuch her alles so genau im Kopfe zu haben, daß ein Wiedersehen überflüssig sein mußte; es gibt einen Grad der Präsenz, der das Wiedersehn scheut. Aber dann sah ich: alles war in den verflossenen zehn Jahren noch schöner geworden. Alles war in die Sphäre des Traumes entrückt. Es ist eine paradoxe Erfahrung, daß wir das Gefühl, zu leben, am leidenschaftlichsten haben, wenn wir der Traumhaftigkeit des uns Umgebenden am gewissesten sind. Das beweist: wir sind im Grunde alle einer Meinung darüber, daß das Wirkliche erst beim Durchsichtigwerden der Dinge beginnt. Auch das Liebespaar geht daher wie im Traum, aber es wird sich vor allen anderen Stunden nur an diese eine erinnern.

Wir kamen spät abends an und gingen die Dorfstraße zu dem kleinen Gasthaus hinunter. Ich sagte: »Guten Abend; ich habe hier vor zehn Jahren zwei Tage lang nichts als Joghurt zu essen be-

Bei Olympia

kommen; zwar bin ich heute noch dankbar dafür, hoffe aber, es gibt dieses Mal mehr.«

Man hörte es gern. Wir nahmen fürs erste unterm Dach von Passifloren ein Weinchen und gingen dann gleich in die Altis hinab. An der Biegung schwärmten die Glühwürmchen, die Frösche schrien viel lauter, als ich es in der Erinnerung hatte. Es war mondlos. Die Sterne waren in voller Pracht da. Über der Altis stand der ungeheure Skorpion, der Freund meiner Gefangenschaftsjahre. Und wirklich, da setzte das Käuzchen mit seinem flötenden Doppelruf ein, in unverändertem Takt, derselbe Pulsschlag der Nacht. Krieg war gewesen und die Freunde längst tot: das Käuzchen schrie, schrie durch die Nacht.

Morgens um fünf Uhr waren wir wieder zur Stelle. Wir stiegen zuerst den kiefernbewaldeten Kronoshügel hinauf, der von allem Olympischen das allerälteste ist, denn die Kuppe trug einen Altar für Kronos und Rhea; die Feiern waren im Frühling. Von dem Altar ist natürlich nichts mehr zu sehn. Dafür aber bot uns der Bienenfresser die Freundschaft an, ein großes Geschenk jenes Morgens. Ich hatte den südlichen Vogel zum ersten Male im Leben im Amphiareion gesehn; der Altis aber schien er geradezu beigeordnet zu sein, denn er trieb sich in Schwärmen umher. Wir waren früher als er aufgestanden; offenbar braucht er Wärme und Licht, um sich darinnen zu baden. Als sich die Sonne in Fluten über die Wipfel der Altis ergoß, sahen wir ihn. Ein Frühwind fuhr durchs Alpheiostal, den nahm er auf, schoß von rechts, glückverheißend, ins Blickfeld herein, ganz Pfeil, langer Schnabel, langer Stoß, sichelartige Flügel, und stand dann sekundenlang zitternd vor uns. Luftwellen ließen ihn schwanken, so daß die zitronengelben Brüstchen, die eisblauen Flügel und die goldbraunen Rücken aufglänzten: welch eine Pracht. Es war herrlich. Er ist ein Ausbund, in dem der Süden sich etwas Tolles ausgedacht hat, ein Sonnentropfen, in den ganze Knoten von Südlicht verdickt sind.

Wir brachten zwei Tage in der Altis in Muße zu. Niemand war außer uns da; erst gegen Abend erschienen Franzosen, ein Paar, das am Rande der Altis ein eidottergelbes Spitzzelt bewohnte. Die beiden machten es gründlich; man sah sie von ferne: die Dame, barfuß, in höchst kurzen Hosen, winzigem Westchen, Sonnenbrille, Kopftuch und einem den ganzen Hain elektrisierenden Gang, las zwei Tage lang Wort für Wort aus dem Führer vor, während der Mann, glanzlos, Sonnenschirmkappe, kleines Felleisen, vermutlich für die wertvolleren Habseligkeiten, sich in tiefem Ernste jedem einzelnen Steine zuwandte und seine Gefährtin in gewissen Zeiträumen mit einem Kusse belohnte. Am Abend sah man die beiden, sie auch jetzt barfuß und kurzhosig, über die Dorfgasse wiegen; die einheimischen Burschen sprachen im weiteren Umkreis davon.

Dagegen waren wir faul. Wir lagen auf den narbigen Muschelsteinen des mütterlichen Heiligtumes der Rhea, das mit abgefallenen Blütenhüllen der Kiefer bedeckt war, und hörten dem Rauschen der Nadeln im Sonnenwind und dem Geschwätz der Stieglitze zu. Von allen Seiten nickten die Malvenstengel im Wind und die Zikaden schrillten ihr Lied.

ÖLBAUM

Nur drei Dinge könnte ich nennen, die ich an diesem Lande in gleichem Maße liebe: den Ölbaum, die Granatapfelblüte und die Zikaden. Es hat sich in mir die Überzeugung gefestigt, daß man nur dort wirklich lebt, wo Zikadengeschrill die Mittage füllt und wo Ölbäume stehn. Der Ölbaum ist der Baum aller Bäume, ich liebe ihn. Er hat den Segen, die Stille. Als er sich ausbildete, hat er offenbar überhaupt nicht an sich, nur an den Menschen gedacht. Reine Sorge: Öl gegen den Hunger, Öl für den Körper, die Haut und die Haare, Öl für die Lampe als Licht, Öl als Träger von Duft, der Ölzweig als Friedenszeichen und Siegerpreis. Einen Ölzweig hing der Vater vor die Haustür, wenn ihm ein Sohn geboren war.

Er ist das Altwerdenkönnen. Denn er beginnt erst mit fünfzig, sechzig und siebzig Jahren etwas zu taugen und in einem Uralter von mehreren hundert Jahren trägt er auch noch. Er soll mehr als tausend Jahre alt werden. Er ist die bildgewordene Geduld und die bildgewordene Zeit. Es ist wie ein

Wunder, daß er gerade aus dem allertrockensten kalkigen Boden seinen Saft preßt wie im Schraubendruck einer Kelter; den fetten und tiefgelockerten Boden mag er gar nicht. Wie bescheiden er ist, sieht man an seiner Blüte. Das ist wie bei Getreide und Wein, die sich mit Blütenprunk auch nicht abgeben. Er macht nur ganz zaghafte Perlchen; sie sind hinterm Silbergraugrün der gefiederten Blätter verborgen und duften fast nicht, nur ein bißchen nach Jugend.
Es gibt natürlich ebenso schöne Ölbäume in Italien und in der Provence; aber nur in Griechenland zeigt der Ölbaum sein Durchscheinendes an. Kann man den Platon lesen, ohne den Ölwald silbern schimmern zu sehen, der sich den Kephisos entlang über die Akademia hinzog? und sein Geflüster zu

Ölbaum

hören? Für dieselben Bäume am Kolonos sind die wunderbaren Sophokleischen Verse gedichtet.
Denn das ist es doch: die Dichter haben ihn immer geliebt. Das hat sich natürlich auf seine Blätter und Zweige niedergeschlagen wie Tau, der nun abträuft: sichtbar, unsichtbar nur für die Blinden. Dergleichen ist doch wie der Schimmer, den Athene über ihre Lieblinge goß: da überschüttete sie mit Anmut Schulter und Haupt ihm.
Wenn Vult, der Flötenspieler in den *Flegeljahren*, nach langer Zeit wieder ins Heimatdorf kommt und unerkannt durchs Backofenfenster in die leere Stube im Vaterhaus blickt, so heißt es: ›. . . der rote Tisch, die roten Wandbänke, die runden Löffel in der hölzernen Wandleiste, um den Ofen das Trokkengestell. . . *aber alles war in den Stein der Ewigkeit gehauen.*‹ Was geliebt wird, ist anders geworden, nichts wird vergeblich verehrt. Ein bedichtetes Tal ist für Zeit und Ewigkeit schöner als eines, das keiner besang, und ein Fluß, der einmal ein Gott war, wird für immer aufglänzen, so wie ein geliebter Mensch schöner ist, als ein ungeliebter sein kann.

DELPHOI, ÖLWALD VON KRISA

Vom Meer her muß man in Delphoi ankommen, das ist der alte Pilgerweg, so muß es sein. Nämlich, dann ist es eine Bergwanderung zur Tempelstadt Delphoi hinauf, eine Anstrengung und Heilung, wie jeder Aufstieg es ist. Kommt man auf der Autostraße direkt von Athen, wie es jetzt freilich am einfachsten ist, so beraubt man sich des Emporwegs über alle zauberflötenartigen Zonen: vom Feuchten (dem Meer) durchs Fruchtbare (den Ölwald von Krisa) zum Feuer der roten Felsen, der Phaidriaden (was ›die Brennenden‹ heißt) und weiter in die kühlen Lichtsphären des schneebedeckten Parnasses hinauf.

Ein schmaler Fußweg läuft durch den Ölwald von Krisa. Es ist der schönste und älteste Ölwald, den es in Griechenland gibt; es ist wirklich ein heiliger Hain. Im Frühling ist er von Millionen Anemonen beblüht. Man läuft einige Stunden, es ist heiß und das Glitzern der gefiederten Blätter nimmt einen gefangen. Die Stämme drehen sich, während man läuft, und da es immer nur diese unzählbaren wissenden, verzauberten Baumwesen sind, die man sieht, gerät man in eine Art Taumel hinein. Neben jüngeren, nachgepflanzten Stämmen stehen uralte, dicke, auch hohle: Holz und Rinde bildgewordene Zeit. Windgedreht gleichen sie Keltern, die mit gewaltigem Druck aus dem Erdreich den Lebensaft pressen: aus dem Boden, der doch so dürr ist, daß man sich gar nicht vorstellen kann, wie es möglich ist, Öl aus ihm zu gewinnen. Aber da hängen ja an den Zweigen die grünlichen Früchte wie Tropfen.

Wenn es wahr ist, wie man hört, daß ein Ölbaum zweitausend Jahre alt werden kann, so hätte manch einer von ihnen die Zeiten erlebt, wo in

Delphoi die Götter noch wohnten. Dann pflückte man also vom selben Baum einen Zweig wie die Pilger. Daß etwas Lebendiges lebend die Zeit überstanden haben soll, ist ein Wunder. Denn obwohl wir nicht Mangel an Überlieferung haben, eher mehr, als wir bewältigen können: wir trauen ja doch keinem Dinge so sehr als dem Lebendigen, das wir angreifen dürfen.

Delphoi: Phaidriadenschlucht

Während man also zwischen den blauschimmernden Wipfeln läuft, sind droben in Licht und Bläue die Bergkonturen zu sehn und das Dorf Kastri im Morgenrauch seiner Herdfeuer, und die schräge Sonne schlägt ihre Streifen hinein. Das ist der Berghang, auf dem Delphoi, die hochgebaute Stadt, einmal lag.

Als ich das alles zum ersten Mal sah, war es Winter und es hatte in den Tagen zuvor starke Regenfälle gegeben. Jetzt stand seidiger Himmel über dem vasenbräunlichen Land. Aus der Phaidriadenschlucht droben wölkte Dampf; ein festumrissener Schwaden stand über dem Spalt. Mir fiel plötzlich ein: aber das war ja der Pythiarauch! das war ja der Atem der Schlange, die Apollon erschlug, das war ja der Atem der Gaia, der Erde, in welchem Orakelzuspruch aufquoll.
So war das also. Ich freute mich. Das war ja ein kleines Entdeckungsgeschenk. Denn die Ausgräber, als sie den Apollontempel freigruben, stürzten sich auf das zu Tage kommende Fundament und suchten und suchten den Felsspalt, über welchem, wie sie gelesen hatten, die Pythia saß. Leider, es war nicht das geringste zu finden. Während sie aber, die Nase am Boden, gruben und wühlten, dampfte wohl über ihnen die Schlucht, stand da der Atem der Schöpfung, die offenbarende, gute, natürliche Kraft, welcher Apollon den zeugenden Strahl und den Riß nach oben verlieh.

›GRIECHISCHER FRÜHLING‹

Wer Leser des ›Griechischen Frühlings‹ ist, wird sich an nichts so sehr als an die Stelle erinnern, wo der abendlich hier heraufpilgernde Dichter in den Bann der Einbildung gerät, als schreite, die Kehren auf senkrechtem Fußwege schneidend, bald vorausgeeilt, bald zurückbleibend, Christi Gestalt mit nach Delphoi hinauf. An dieser emmausartigen Abendvision kann man die bekehrende Kraft eines Bildes erfahren. Vielleicht auch ist es die einzig mögliche Art, sich als Christ dieser heiligsten Stätte der Griechen zu nähern, indem man der Hochburg der Bilder ein Bild wie dieses zubringt.

Seinerzeit hat dem Dichter dies Buch bei den Gebildeten und Gelehrten viel Achselzucken gebracht. Kein Wunder, denn er war auf der richtigen Spur. Er wußte, daß für einen, der in Delphoi anlangt, nichts oder Christus anwesend sein muß. Ist man einmal als Christ geboren, sagt er, so mag man den Blick, wohin man will, richten: immer wird Christus, und sei es im peripherischen Sehen, im Augenfeld sein. Das ist gut, mit so einem Wort kann man leben. Als Christ geboren: den Weg geht nun einmal keiner zurück; nur nach vorn, nur nach vorn kann man gehen. In Delphoi rückt Christi Gestalt in die Mitte, weil hier das Geheimnis des Griechischen am dichtesten und am brennendsten ist. Wer für möglich hält, Delphoi als Griechenschwärmer mit Verlorenen-Paradies-Gefühlen oder als Empfindsamer mit Elegien im Herzen oder in archäologischer Wißbegier oder, um auf der Stufenleiter immer weiter abwärts zu steigen, als kunstbegeisterter Reisender bestehen zu können, muß irren. Hier ist ein Ort des Bekennens.

Wie man von hängenden Gärten spricht, so muß man in Delphoi von einem hängenden Heiligtum sprechen. Aber schon in der späten Antike mußte man sich bei Delphoi an das halten, was nicht mehr da war: Nero hatte die fünfhundert berühmtesten Bildwerke fortgeschleppt; freilich waren dann, wie Plinius schätzt, immer noch dreitausend da. So daß es ein wandernder Wald aus Marmor und Gold und Bronze gewesen sein muß, der hinauf zum Heiligtum wie eine Brandung der Gottbegeisterung schlug.

Man kann lesen, daß das alte Delphoi ein gewaltiges Freilichtmuseum der edelsten griechischen Kunst gewesen sein müsse. Das ist, präzis ausgedrückt, was es gerade nicht war. Eben kein Museum. Nichts war auf Kunst bezogen, alles auf Glauben. Da darf man nun freilich nicht sagen: jaja, natürlich, gewiß; denn das ändert alles. Man muß verwirklichen können, daß all diese Standbilder, jedes von ihnen, Entschlüsse waren, vor den Gott hinzutreten. Sein Weihbild in Delphoi aufstellen hieß immer in Gottnähe sein. Ihre Ebenbildlichkeit dem Apollon darbringen, das will diese taufrische Jugend; diese Jünglinge mit dem ersten Schritt und dem frühesten Lächeln sind Beter: knospenfest und verschlossen und als Bilder verstummend, wie es der Gegenwart eines Gottes entsprach.

Denn das ist nun einmal gewiß, daß Delphoi die Hochburg des Bildes war. Die Erde, so erfüllt von

Wundern sie ist, kannte Vergleichbares nicht. Es ist so, daß mit Delphoi nichts zusammengedacht werden kann als die andere hochgebaute Stadt, die wir so nennen, Jerusalem also, und die im genauen Gegenteile davon im Bildlosen schwebt: in dem klaren Verbot, ein Bildnis oder ein Gleichnis Gottes und also auch seines Ebenbildes zu machen.

Wenn das Bild den Gott darstellen darf, so muß freilich das Leibliche hohe Kraft in sich haben. Im Bild ruht der Glaube an heil gebliebene Natur.

Alle Bilder sind Kinder des Eros: oder will einer leugnen, daß des Eros Welt eine Bilderwelt ist? Bild ist immer Verzauberung, immer Beschwörung, Bild ist immer Magie. Magie heißt, die innewohnende Kraft aus dem Natürlichen holen, Magie heißt, Bilder verstehen. Es ist nicht zu leugnen, wenngleich es die Theologie im allgemeinen glatt unterschlägt, daß die Ersten, die Christus erkannten und anbeteten, Magier waren, anstößigerweise ausdrücklich Magier genannt: helläugige Zeichenversteher, Aufmerker, Seher, Leser und Deuter von Bildern.

Wenn man der Offenbarungskraft der Schöpfung vertraut, *muß* man auf das Bild kommen; Bild ist: ein Ding der Schöpfung als Zeichen erkannt. Bild heißt: der Schatz des Zeichenhaften gehoben, der jedem Dinge der Schöpfung einwohnt. Abbilden heißt Schatzheben. Der Bilderstreit war in der Tat das Zentrale: es war nicht das göttliche Abbild, worum es ging, sondern die Frage: ob Wahrheit Einkörperung habe, ob denn Wahrheit überhaupt

sein könne ohne Einkörperung, ohne einen Körper zu haben. Der Bilderstreit meint natürlich auch das wörtliche Bild. Eben deshalb ist er von Anfang an durch Christus entschieden: wie hätte er denn sonst ›Vater‹ und ›Himmel‹ gesagt.
Denn in Bildern hat Christus gesprochen: Lamm, Hirte, Säemann, Licht. Bei Markus heißt es: außer in Bildern habe er überhaupt nicht zu den Menschen gesprochen. ›Alle Wege Gottes enden in Leiblichkeit‹ sagt Ötinger, der schwäbische Pfarrer.
Bild ist Saatkorn und Saatkorn ist Bild: das Gleichnis vom Saatkorn ist also sich selbst zugewandt, es ist das Gleichnis vom Gleichnis, es ist das Bildnis vom Bild. Das Bild ist der Leib des Wahren, der die Wahrheit enthält und verhüllt. Denn es ist nicht die Gewohnheit des Wahren, ohne Verhüllung zu kommen und sich von jedem erkennen zu lassen. Wo das Reich der Bilder aufhört, beginnt der Mysterienverrat.

WAGENLENKER

Eines Tages, mitten im Krieg in Athen, bremste ein Wagen am Gehsteigrand und der gütige Hofrat Walther fragte mich aus dem Schlagfenster, ob ich mitkommen wolle, um den berühmten Wagenlenker von Delphoi zu sehen. Man hatte nämlich das Bildwerk zu Anfang des Krieges eilends in der Erde versteckt, für kurze Zeit, wie man dachte. Als es sich hinzog, bekam man es mit der Sorge zu tun und holte die illustre Bronze, die in drei Teile zerlegt war, zur Nachschau in die Werkstatt des Nationalmuseums in Athen. Dort also, in einem Seitenflügel des Baus im fünften Stock unterm Dach, bekam ich in der Nachmittagsstunde eines Wintertages den Wagenlenker zu sehen.

Das sind Augenblicke, in denen eine Plane, die uns sonst die Aussicht verhängt, wie vom Traumwind aufgeweht wird. Es waren die Augen des zügelhaltenden Jünglings, die mich rührten, gewaltig; denn ich war wie vom Donner gerührt. Daß er sehend war, hatte ich gewußt und doch nicht gewußt; jetzt traf mich sein Blick.

Eine Pupille von schwarzem, glänzendem Stein. Die Iris aus Jaspis in hellwarmem Braun, das Weiße des Auges aus einer stumpfen beinernen Masse. Die Wimpern, jetzt patiniert, mußten einst silbern gewesen sein, auch die Brauen. Nichts war unterlassen, was zur Nachahmung eines natürlichen Auges gehört. Als ich das Bildwerk umschritt, wanderte der Lichtpunkt treu mit.

Bis dahin hatte ich immer gedacht, er und seinesgleichen seien Kunstwerke, die man ungeniert anschauen dürfe. Aber so war das nicht: *er* schaute an. Es ist seine Demütigung, daß er ununterbrochen angegafft werden darf. Ich sah, daß es die größte Erniedrigung der Kunstwerke ist, wenn man einen *Wert* in ihnen erblickt. Er hatte die strahlenden Augen auf Apollon gerichtet, ein Geschöpf im Momente des Sieges, also wo es am tüchtigsten und am gottgefälligsten war. Der Sieger, um den Gott immer anschauen zu dürfen, auch wenn er wieder heim nach Sizilien mußte, hatte dies Standbild gesetzt, das sich nun zum Heiligtum drängte. An seine eigenen Blicke war es wie eine Kletterpflanze an ihre Haftorgane gehängt.

ARCHAISCHE MAUER

Die Mauer, die den Apollontempel und seine Terrassen abstützt, ist im großen Trümmerfeld ausgezeichnet erhalten. Es ist eine archaische Mauer, fast hundert Meter lang, und sie leuchtet goldgelb. Dieses alte Honiggelb wird man nie wieder vergessen; plötzlich weiß man, daß man die Farbe schon immer beim Nennen des Namens Apollon empfand.

Im einstigen Glanze der Gottesstadt war die Mauer gewiß nichts Besonderes; aber seitdem sind wir ärmer und aufmerksamer geworden. Die einzelnen Blöcke sind nach Größe und Umriß verschieden; sie sind ganz genau, ohne Ritzen und ohne Mörtel, aufeinandergepaßt. Offenbar sollte jeder einzelne Stein seine Naturform behalten; man gab nach und ließ den Stein selber baun. Sollte nur jeder selbst seinen Nachbarn ausfindig machen, der die ähnlichste Paßform besaß. An der Front, hangabwärts, ist das Ganze zu einer Fläche geschliffen; es sieht aus wie der Anschliff eines quarzigen Steins. Wabenhaft fügt sich Kantiges dem Kantigen zu,

eine Lineatur ohne Ende. Wie Flötentöne steigen und fallen die Fugen, spröd, dünn und klar. Das ist eine Mauer, die Orpheus gebaut haben muß, nur mit des Liedes Gewalt.
Tritt man näher herzu, so bemerkt man: die ganze Mauer wird von merkwürdig kleinem Leben bewohnt. Sie ist in ihrer ganzen Länge besponnen von eingemeißelter Schrift. Das ist noch Text! Geweb und Zusammengesetztes. Wie die Tritte von Vorzeitinsekten tappt es sich über die ungeheuere Schiefertafel dahin; abhanden gekommene Spinnenbeine, verlorene Flügel und Fühler glaubt man zu sehn. Noch ist jedem Buchstaben, ob er schlank oder breit ist, dasselbe Planquadrat zugeteilt. Noch lösen die Worte sich nicht von einander, Buchstabe folgt auf Buchstabe wie Tropfen auf Tropfen, und die Zeilen reißen nicht ab.
Also, wo wohnt die Sprache? Im gesprochenen Wort? in der Schrift? Denn in beiden kann sie unmöglich zu gleicher Zeit wohnen. Ohne Besinnen stellt als Antwort sich ein: natürlich wohnt sie im Anruf, im Laut, in der bewegten Luftwelle; denn das ist es ja, daß sie ein Hauch ist. Warum aber hat sie sich dann doch ihr Bild im Geschriebenen gemacht? Wohnt sie gern dort? Hier auf der Mauer scheint sie zum Beispiel ganz gerne zu wohnen. Oder ist sie eigentlich doch nur im Verhallenden, Momentanen zu Haus?
Da irgendwo ist die Antwort auf die Frage zu suchen, warum Christus kein schriftliches Wort hinterließ, also die Spur hinter sich eher gelöscht

hat, wie es Sokrates und Buddho auch taten. Während doch jeder, der das Geschichtliche will, jeder Stifter, jeder Gesetzgeber, kein dringenderes Anliegen hat als sich schriftlich zu machen.
Aber wiederum, sein Wort ist ja dann doch schriftlich geworden, wenn auch nur als Echoschall, vierfach und öfter gebrochen, und die Schrift ist das Eine und Alles, was wir besitzen. Also, sollen wir sie als Wort aus zweiter Hand ansehn, als Ersatz des gesprochenen Worts, als Wort, durch Glas und Watte gesprochen und eigentlich überhaupt nicht gewollt?
Unsinn; es ist nicht dem Grad nach, sondern wesentlich anders: nun gehört es der Bilderwelt an. Der Körperwelt; es muß eben alles erst Leib werden. Auch das Wort, es ward leiblich, noch einmal eigens für sich. Es zog in die Welt der Dinge ein: die ist ohnehin zeichen- und bildergeladen. Denn Schrift und Bild sind dasselbe; Schrift und Bild gehören viel enger zusammen als das Wort und die Schrift. Das Wort ist der Blitz, aber die Schrift ist der Einschlag, die Spur. Die Spur bloß, der Blitz eben nicht.
Wer von der Schrift aus zum Vater oder zur Wahrheit oder zum lebendigen Geist durchdringen will, ist in einer ganz anderen Lage als der Angerufene durchs Wort: er ist in der Lage der Magier, die aus den Sternen die Geburt eines Heilands zu lesen vermochten. Den Hirten wurde der Anruf zuteil; sie wurden vom Engel beschieden und mit Augenblickes Gewißheit erfüllt. Die Magier aber mußten

erst suchen; keineswegs war da Gewißheit, vielmehr Ungewißheit, langer Weg, verschiedene Meinung, Irrtum, Mißverstehen als einzige Möglichkeit des Verstehens, langes Suchen. Während es dort überhaupt auf Begreifen nicht ankam, nur auf Niederknieen und Folgen.

Alle hätten ihn sehen können, den Stern. Es müssen ihn viele gesehen haben, aber wer hat ihn richtig verstanden? Wer ist ihm gleich über die Wüsten und Länder gefolgt? An Zeichen war niemals ein Mangel, aber an Folgern. Ihr Ruhm ist, daß sie ihr Leben unterbrachen und das Zeichen als Zeichen erkannten. Daß sie einsahen: es war etwas der Art, daß es notwendig war, alles liegen und stehen zu lassen und gar nichts zu tun, als sich der Führung ins Ungewisse anzuvertraun.

LICHT DER NATUR

Magie. Es ist Fausts Hauptanliegen, und zwar des jungen und alten. Erst steht da im Urfaust die trotzige Zeile, es ist, nach Atemholen, des ganzen Werkes erster und eigentlicher Aussagesatz: ›Drum hab ich mich der Magie ergeben.‹ Das sagt der Zwanzigjährige. Aber zuletzt, am Ende des Lebens, diktiert der achtzigjährige Mund: ›Könnt ich Magie von meinem Pfad entfernen.‹

Schlägt man aber in der großen Weimarer Ausgabe unter den Lesarten nach, so sieht man, und wen soll das nicht rühren, wie derselbe, der einst jene trotzige Zeile hingewühlt hat, zu dieser allerspätesten Wehklage neun verschiedene Male ansetzen muß. In Fassungen, die ganz das Gegenteil sagen. Denn erst heißt es selbstsicher: ›Ich habe längt schon die Magie entfernt‹, aber das wird durchgestrichen und durch die kleinlautere Fassung ersetzt: ›Ich mühe mich, was magisch, zu entfernen.‹ Dann steht auf einmal das ganze Gegenteil da: ›Ich habe längst dem Spuk nicht abgesagt‹: jetzt klagt er sich an. Schließlich bleibt stehen die schmerzlich aufgebende Zeile: ›Könnt ich Magie von meinem Pfad entfernen.‹ Könnt ich! aber ich kann es ja nicht.

Magie – worum handelt es sich? Doch nicht um die schwarze Magie mit Teufelbeschwören, Schatzgraben, Durch-die-Luft-fliegen und Mädchenverführen? Ach, wenn es nur das wäre. Aber auch nicht um die weiße Magie, um den Zauberbann, mit dem man die Gottheit glaubt zwingen zu können, und sei es mit dem Verdienst guter Werke oder dem fleißig gelernten Gebet. Nicht darum also. Sondern ›ob nicht durch Geistes Kraft und Mund mir manch Geheimnis werde kund‹, also darum, den Dingen, wie die Magier dem Stern, ihr Geheimnis abnehmen zu können. Die Dinge, die Dinge zum Reden zu bringen. Die Natur ist voll Zeichen, das weiß man, Erdgeister sind da: aber wie dringt man ein? wie kommt man dahinter? Es handelt sich doch nicht darum, die Natur zu erforschen, um sie dann besser überlisten zu können. Es handelt sich immer darum, durch sie zum

Schöpfer zu dringen. Das Licht der Natur. Da wir ein Teil von ihr sind, ist kein anderer Weg. Denn wer glaubt, ohne die Sinne, ohne Welt, ohne Trieb es *mit dem Denken* erzwingen zu können, treibt ja die schwärzeste aller Magien.
Auch Johannes braucht Zeichen, um an den Auferstandenen zu glauben. Thomas, das sehen alle, Thomas, der Denker, der Grieche, ist übel dran. Aber Johannes, auch Johannes braucht Zeichen.
Nur Maria aus Magdala, waffenlos, wird wie vom Blitze getroffen. Aber wer bringt es soweit?

OMPHALOS

Pindar und die Tragiker schildern: im innersten Tempel, wo sonst das allerheiligste Bildnis des Gottes aufgestellt war, habe zu Delphoi der Omphalos, der Nabel der Erde, gestanden, ein altertümliches Steinmal. Es wurde jeden Tag neu mit einem Geflecht von geknüpften wollenen Bäuschen bedeckt. Was heißt das? Die Dichter sprechen davon nur mit Scheu. Als heiligstes Ding im heiligen Delphoi muß dieses Steinmal ein Geheimnis verbergen. Die Geheimnisse des griechischen Glaubens sind eben nur wie Scherben auf uns gekommen; nämlich, anfangs spricht niemand gerne darüber, und später, wenn die Quellen redseliger werden, sind wiederum die Geheimnisse tot. Die Römer, Meister der Kunst, jedes Ding auf seine platte Seite zu stellen, und stolz darauf, daß es dann so gut steht, haben den heiligen Nabel für den geometrischen Mittelpunkt der Erde gehalten und auf ihr Forum auch gleich einen gesetzt, nach dem sie die Straßenmeilen bemaßen. Nun, Römer sind Römer.

Aber noch Euripides sagt von dem Stein, die Gorgonen seien um ihn. Ein Nabel, was ist das? Ein Nabel ist nun einmal nichts anderes als die Narbe des Schnitts, der ein Geschöpf von dem mütterlichen Blutstrom abtrennte. Da aber die alte Herrin von Delphoi Gaia, die Erdmutter, war, die erst später der ankommende Gott Apollon — nicht verdrängte, sondern erfüllte, so bezieht sich das altertümliche Steindenkmal sicher auf sie. Also, man muß doch verstehen, daß der Fall aus dem Schoß der göttlichen Mutter gemeint war. Geburt als Verstoßung ins Zeitliche, als Verbannung auf Zeit und in Zeit: was wir die Erbsünde nennen. Nur daß sich hier das moralistische Mißverständnis ausschließt, wodurch so viel Dumpfes eingemengt wurde: als sei dabei etwas vermeidbar gewesen wie es die rotangestrichenen Fehler in den Schulheften sind.

Also haben auch sie das Menschsein als schmerzende, blutende Wunde empfunden. Denn es blutet: was soll sonst das Geflecht von Binden bedeuten? Das sind doch ursprünglich Verbände.

Die Wunde der angeborenen Trennung, sie blutet und wird nur in der Gegenwart Apollons geheilt. Nur im Sturz in die Arme des Gottes, nur im Orakel wird das Bluten für Augenblicke gestillt.

Das Heiligtum selber: was ist es schließlich, als ein jammervolles Ausgrabungsfeld. Es ist wie bei den zerstörten Städten: auch in Dresden kann man sich am ehesten von den Rändern her eine Ahnung vom Gewesenen machen. Hoch über dem Heiligtum, man glaubt nicht, daß noch etwas komme, ist das Stadion dem Berg eingedrückt wie die Griffelschale des Gottes. Kein Zufall, daß die Stadien gern droben liegen wie sonst nur Altäre; auf dem Lykaion lag es gar hundert Meter unter dem Gipfel.
Der olympische Glaube, man könne *mit* Hilfe des Körpers, nicht *gegen* den Körper, dem Gott näher kommen, ist aus dem Sinn eines Bergvolks geboren. Jeder Anstieg heißt: schlagende Pulse, Verbrennung des Trägen, Mut, Höhe gewinnen. Jeder Berg ist eine natürliche Festung gegen die Melancholie. Was aber kann man zum Ruhm eines Berglandes Größeres sagen, als daß es eine Versammlung von solchen Festungen ist? Daß ich dies Land vor allem als Bergland erlebe, darin sammelt sich meine Liebe zu ihm. Angst, Langweile, Kleingläubigkeit, Überdruß und Verzagen: wie man den Medusen-Anblick des Nichts auch benennt: was ihn auflöst, müssen wir preisen. Cassianus hat recht, daß die Schwermut eine der acht Hauptsünden sei. Indessen, vom Körper kommt also auch Hilfe. Vermag er die Seele zu heilen, so kann doch das Blut nicht verdorben sein. Welcher Glaube an die eingeborene, zum Guten fähige Kraft.

Über Delphoi führt ein Bergpfad zu den Höhen des Parnasses hinauf. Jeder Schritt schenkt mehr Landschaft. Wer käme und sähe es nicht, daß es die allerschönste, die religiöseste von ganz Griechenland ist.

Morgenwind hob sich und wischte die Wärme der Nacht weg. Wind und Licht stürmten zusammen über das Land. Wie jung manchmal die Welt ist, wie verheißend; doch das ist ja dasselbe. Hundert Berge in edelsteinernem Blau, wie geschmiedet, getrieben, dünn, klingend und leicht. Die Hochflächen von Delphoi goldbraun, wie gebrannt, ausgeglüht; tönerne Vasen. Der Ölwald von Krisa begann in der Tiefe zu glitzern. Das Meer wies die Bahnen der Boote auf, die sich in der Windstille der Nacht lang erhalten. Wo die Sonne über dem Helikon stand, waren die Berge wie Schilde von Silber. Das Geierpaar, das in den westlichen Phaidriaden seinen Horst hatte, lag schon auf den Lüften, nun auch die Adler von drunten und, ganz droben, wie immer, kamen die fünf Kolkraben daher, Apollons mantische Vögel.

Ist man sechs- oder achthundert Meter im Zickzack gestiegen und hat die steile Phaidriaden-Wand unter sich, so fängt eine ganz veränderte Welt an: nach der bronzenen Alterslosigkeit der delphischen Fluren auf einmal Ebenes, Grünes, Weide, Wacholder, Tannen: Dionysosland. Es roch nach Holzfeuer. Zu dem Glück, dazusein, kam Heimatglück: die selige Täuschung, als sei man auf einer Alm in Tirol. Aber hier meint sich wohl jeder zuhaus.

Eine Quelle kam, eine Tränke, die aus acht hintereinander gestaffelten, ausgehöhlten Stämmen bestand. Es troff reichlich. Der Platz schien ein Treffpunkt der ganzen Umgegend zu sein; ein Schwarm Ammern löste Bergschwalben ab, Esel, mit zugeschnittenem Bauholz bepackt, kamen vom Berg und verhielten. Kein Mensch ging ohne zu trinken vorbei.

Nach dem steilen Aufstieg rasteten wir eine Weile. Durch Geläut hinter uns wurden wir aufmerksam gemacht, schauten um und sahen, gegen das Morgenlicht, über den Berg in breiter Front eine Herde Ziegen andringen. Als sie uns sahen, hielten sie an, um sich dann ausgeschwärmt mehr von den Seiten zu nähern. Die Jungen hopsten erst über die Tröge, bevor sie zu trinken begannen. Alles ausgezeichnete Tiere mit glänzendem Fell. Zu unserer Überraschung bemerkten wir, daß die Herde nur aus Böcken bestand, außer den ganz jungen Tieren. Der alte Hirt, blauer Rock, hoher Stab mit geschwungener Krücke, erklärte, mit dem Beginn der heißen Zeit sei es ohnehin mit der Milch vorbei, also habe man die Ziegen zum Schlachten gegeben; wahrscheinlich waren bis zum nächsten Jahre die Jungen soweit. Der festgefahrene Männerbund erheiterte uns. Vier ungeheure Böcke waren dabei: Cäsarengehörne, schwere Hälse, stierhafte Flanken, und die übertriebenen Hoden. Ich versuchte, einen Blick aus dem Bockauge aufzufangen, aber ich fand, daß es nicht geht. Sehr merkwürdig. Dies Auge hat überhaupt keinen Blick; es ist eigentlich eine Stelle, die nicht angeblickt werden will. Diese quere Pupille ist irr, faszinos, aber keinesfalls zu erreichen. Ganz und gar ohne Antwort. In jedem Falle das Unerotischste, was es überhaupt gibt.

DORFFEST

Das Tal von Chaironeia ins Gebirg von Phokis hinauf ist ein Reich, in dem Demeter herrscht; hier zeigt sie ihr großes und bäuerlich klares Gesicht. Pan, oberhalb, spendet die Quellen; aber bei Demeter werden die Wasser verteilt und genutzt. Sie ist die große Aufhalterin; wenn die Herrschaftsformen verwesen und es die Schwindler, Volksredner und Verbrecher emporspült, darf man, wo sie herrscht, noch die Luft der Ordnung einatmen. Erst wenn auch sie noch verraten wird, wenn die Wälder vertan sind, die Quellen versiegen, wenn ihr Feind Raubbau und die Steppe und Wüste regieren, bricht das Gefüge zusammen.

So war das Tal entlang bäuerliche Plage und Glück. Blaugrüne Berge, immer am Fuß des Parnaß, der noch Schnee trug, aber hier unten reifes Getreide, Mais, der gehackt werden mußte und Wein, der reichlich angesetzt hat. An den Berghängen alte phokische Städte, jetzt Dörfer, die aber noch die doppelten Mauerkränze des Altertums haben. Ein Gespräch nach dem andern; ein Fremder ist selten in diesem Tal, durch das nur ein Fußpfad den Bach entlang zieht. Überall Redelust,

Tal von Dodona

Neugier und Bauernklagen, die zum Wohlbefinden gehören, und immer leicht das Zugeständnis entlockt, daß die Welt nirgends so schön wie hier im Heimattal ist.

Das Tal endet am Wegkreuz, wohin man die mörderische Begegnung des Oidipus mit dem Vater verlegt. Hier war ich auf die große Straße gelangt und wollte sie eine Zeitlang verfolgen; dann sollte ein Fußpfad nach dem Dorfe Steiri abbiegen, über welches man zu dem uralten Kloster des Hosios Lukas gelangt. Wenn ich so ging, konnte ich das Dorf Distomo meiden, das vor acht Jahren, im Krieg, der Schauplatz eines ungeheuerlichen Blutbades war: der Pappas des Dorfes, mit oder ohne Willen, hatte zwei Lastwagen voller Soldaten in den Hinterhalt der Partisanen bei Steiri geschickt, darauf folgte eine planvolle Rache, sinnloses Morden an Frauen, Kindern und Bauern, wie es ein Land noch nach hundert Jahren im Gedächtnis behält.

In der Nähe des Wegkreuzes waren zwei Frauen

Steineiche im Tal von Dodona

auf dem Feld beim Bohnenabernten. Da ich sie nach dem Weg fragte, gerieten wir in ein Gespräch Es waren Mutter und Tochter, die Tochter sechzehnjährig, kindlich, bleich und sehr hübsch. Sie schänkte mir Wasser aus einem Fäßchen; es ergab sich, daß sie aus Distomo waren, Überlebende, mehr oder weniger zufällig, weil ihr Haus fest verschlossen war und der Blutdurst irgendwann auch gestillt. Ohne daß ich es wollte, riefen sie eine Motorzykletta an, die mich mitnehmen könne; sie stand weiter unten irgendwo im Gebüsch und war gerade zur Abfahrt bereit; mit schrillen Anrufen »enas xenos, ein Fremder!« hielt sie die Mutter zurück. Es war ein etwas schwankes, dreirädriges Liefergerät, das eine Last talabwärts gebracht hatte und nun zurück nach Distomo fuhr. Man lud mich sofort zum Mitfahren ein, es ging los. Zwei Fahrgäste hockten schon auf der Lastbühne, junge Leute vom Dorf. Dort war am Abend vorher ein Fest der Muttergottes gewesen, man hatte bis zum Morgen getanzt und getrunken, denn das Dorf hatte sich in den acht Jahren wieder mit Bewohnern gefüllt. Die beiden schienen in nachfestlicher Stimmung zu sein und bedrängten mich, den sie wohl für einen Engländer oder einen Amerikaner hielten, ich solle mit ihnen kommen: seltsames Ansinnen, auf dem Dorfplatz des Blutortes eine Trinkstunde zu halten. Inzwischen hatte sich das gebrechliche Fahrzeug mit immer mehr Gästen gefüllt, die der gutmütige Fahrer von der Straße auflas: zwei Landmädchen, die neben einem Eselreiter herliefen, dann eine ältere Frau, die mir unterm schwarzen Tuch, das den Mund und das Kinn barg, ihr Leid klagte, sie habe damals zwei Söhne verloren; dann einen Schläfer am Wegrand, der erst unter Halloh und Gelächter geweckt werden mußte, weil er seine Chance verschlief, und zuletzt einen Jungen. Alle aus Distomo; wir alle hockten auf den Rändern der Bühne; die zwei letzten klammerten sich links und rechts ans Gestell. Schon sah ich keine Möglichkeit mehr, der Einladung zu dem seltsamen Fest zu entgehen, als mir ein Zufall zu Hilfe kam: bei einer Steigung konnte das Wägelchen seine Fracht nicht mehr ziehen; es war unweit der Stelle, wo der Fußweg nach Steiri abging. Ich stieg ab, dringend aufgefordert, wenigstens auf dem Rückweg zu kommen. Ich bog ab. Aber es schien mir nun einmal bestimmt, in dieser bedrückenden Gegend zu feiern. Als ich eine Stunde danach über Berge und heiße Weinäcker nach Steiri gelangte, saß die männliche Jugend auf dem Dorfplatz vorm Kafenion und trank, denn auch sie waren drüben in Distomo auf dem Feste gewesen und fanden sich nicht in den Alltag zurück. Ich mußte teilnehmen. Es war besonders heiter und frisch: Jugend im Ring, gute Laune, Gelächter, das reizende Mädelchen eines erst dreiundzwanzigjährigen Vaters, ein blonder Bursche, den ich zum allgemeinen Jubel an seinem Dialekt als Kreter erkannte, mein Bauerngriechisch, das eine unerschöpfliche Quelle der Heiterkeit ist, unablässiges Gläserheben und Gesundheit zutrinken, das mich zwang, dem Leben eine Ovation darzubringen, dem Überleben, das die Schrecken der Geschichte verzehrt.

HOSIOS LUKAS, THOMAS DER ZWEIFLER

Im Abendlicht kam ich im Kloster an. Der Bergweg dorthin führte an braunen und violetten Abgründen entlang, bis ich auf einmal über den Dächern des Klosters stand, hoch überm Talgrund, der mit gelben und braunen Felderbreiten bedeckt war. Eine Schafherde, tief drunten, die über die Enge eines Felssattels von einem Weidegrund in den anderen zog oder eigentlich floß, wie beim Stundenglas von einem Raum in den andern. Ich stieg durch terrassierte Gärtchen zum Kloster hinab und fand mich auf einer großen Terrasse, auf der sich eine ungeheure Platane erhob; darunter steinerne Sitze und Tische. An der Hausmauer saßen fünf schwarzbärtige Mönche mit schwarzen

Rundhüten und Zöpfen. Ich begrüßte zuerst einen Alten in weißem, wehendem Bart. Es war der Vorgänger des jetzigen Abts, er hieß mich neben sich setzen und bot mir Gastfreundschaft an.

Die Stundenschläge fielen wie Tropfen in die erzene Ruhe der Klosterstille hinein. Wenn sie verklangen, wandte sich der Alte mir zu und wiederholte befriedigt den Namen der verflossenen Stunde. Wie ein Honigstrom flossen die Stunden des Tages, des Jahres, des Lebens an seinen Ohren vorbei, wesenlos; es schien sein Anliegen wie das aller anderen Brüder zu sein, diese Stunden mit keinem Ereignis, keinem Schmerz, keiner Lust, keiner Leistung, keinem Erfolg, keiner Zeugung zu füllen. Leben, ein tiefer Sturz in abgeleugnete Zeit. Zeit, dadurch gelöscht, daß man sie seiht und alles zurückhält, was sie mitführen könnte. Zeit ohne Gewicht, weil man sich weigert, irgendeine süße oder bittere Fracht auf dies Fahrzeug zu laden.

Die tausendjährigen Mosaiken der Klosterkirche sah ich anderen Morgens im Licht; aus dem Tal kam frischer Bergwind herauf, mit Thymianduft und dem Geruch des reifen Getreides beladen. Wie in Daphni sah ich mich wieder vor die Szene des zweifelnden Thomas gestellt. Offenbar hat der Vorgang die Gemüter in jenem frühen Jahrhundert bewegt; es fiel auf, daß die Darstellung gleichen Rangs neben den sechs oder acht fundamentalen Heilsereignissen stand. Thomas, der Grübler, Thomas der Zweifler und Denker, Thomas, der Häftling der Philosophie. Thomas, der sich selbst überführen muß wie den Angeklagten der Kläger; dann, daraufhin erst, Zusammenbruch und Geständnis. Thomas, der daran leidet, nicht waffenlos glauben zu können: denn er leidet, er steht von Anfang an als Melancholiker da: als man von Lazarus hört, daß er zum Tode erkrankt sei, sagt er spontan: »Laßt uns hingehn und sterben mit ihm.« Er ist voll Trauer, wie der denkende Engel in Dürers Melancholie.

Was aber das Überraschende in Hosios Lukas war: daß das Wandmosaik in byzantinischen Buchstaben die Überschrift trug: ›Ton thyron kekleismenon. Von den verschlossenen Türen.‹ Sehr merkwürdig. Was hat den Bildner dazu gebracht, sich an die Nebensache zu halten, daß die Türe verschlossen war, durch die der Auferstandene in den Jüngerkreis tritt? Es ist doch gar nicht zum ersten Mal, daß er bei verschlossenen Türen den Jüngern erscheint, nur ist, dieses Mal, Thomas dabei; dem Thomas wendet sich doch die Aufmerksamkeit zu, ihm und seinem bedenklichen Wege, auf dem er zum Glauben gelangt. Das Gewicht der Stunde ist doch durch die Felsenlast des Christuswortes bestimmt: daß *die* selig seien, *die nicht sehen und doch glauben*. Denn was heißt das? Also ist Thomas, der die Wunden antasten muß, ehe er glauben kann, keineswegs selig zu preisen? Trägt aus dem Grund das Bildnis den Titel: ›Die verschlossene Tür‹?

MARIA AUS MAGDALA

Für Inge Kraemer

Es muß auffallen, wie nach dem Karfreitag die Frauen in den Vordergrund rücken. Die entsetzliche Leere, die sich zwischen Karfreitagabend und dem Ostersonntag hindehnt, also zwischen dem Scheitern der Hoffnung, der Rabbi werde zuletzt doch noch ein alljüdisches Gottesreich schaffen, und der Gewißheit vom auferstandenen Christus: diese Leere wird nur von einer einzigen Person überbrückt. Es ist eine Frau. Maria aus Magdala heißt sie.

Von den Jüngern, außer Petrus und Johannes, ist ja schon seit Gethsemane nicht mehr das geringste zu sehn. Sie sind geschüttelt von Gestapo-Angst. Dann Petrus; auch er tritt während des nächtlichen Vorverhörs ab, ist von da an ziemlich gründlich verschwunden, nicht einmal unterm Kreuze dabei. Maria aus Magdala erst wird es sein, die ihn zurückholt; erst durch die Kraft dieser Frau wird er einbezogen ins Ostergeschehen. Maria, die Mutter des Herrn, wird zuletzt unterm Kreuze erblickt. Die Schmerzensmutter ist nun am Ende der Kraft, von Schwertern durchbohrt: Leid aller überlebenden Mütter. Und Johannes muß bei Maria sein, irgendwo in Jerusalem, wo man den beiden ein Obdach gewährt; die Kreuzesworte binden ihn ja. Alles fort also. Wenn erfüllt werden soll, was die Sitte vorschreibt, und es muß erfüllt werden, daß der Leichnam vor Sabbat-Anfang bestattet sein

muß, müssen zwei Fremde eingreifen; es sind gerade Männer der Gegenpartei, hohe Beamte: Joseph von Arimathia und Nikodemos, der eines Nachts zu theologischem Gespräch zu Christo kam.
Dann kommt der Sabbat. Ungeheure Pause. Starre der Verzweiflung scheint sich ausgebreitet zu haben. Der Messias, der das freie Judäa herbeiführen sollte, gescheitert, und alles ist aus.
Und dann jener Morgen. Fragt man sich, welche Frauen es waren, die zwischen Morgengrauen und Sonnenaufgang durch die dunkeln und schmutzigen Gassen der Altstadt von Jerusalem eilten, um ihren Herrn, der nun auf einmal nicht mehr ihr Herr, sondern das Ziel ihres Erbarmens war, zu versorgen, so kann es sich nur darum handeln, ob es zwei (wie Matthäus sagt) oder drei (wie Markus und Lukas berichten) oder vier (da Markus und Lukas als dritten Namen zwei verschiedene nennen) gewesen sein mögen: — jedenfalls Frauen. Und jedenfalls Frauen allein. In der Katastrophe: Frauen allein. Und es kann durchaus kein Zweifel bestehn, daß Maria aus Magdala es ist, welche die Szene beherrscht. Es ist sicherlich so, daß die eine oder zwei oder drei anderen Frauen in ihrem Fahrwasser sind. Sie führt an, die andern sind Nebenfiguren.
Wer ist denn die Frau? Man kennt sie nur flüchtig. Es heißt von ihr, Christus habe sie, da sie von sieben Dämonen besessen war, geheilt. Also war sie gestört, vielleicht melancholisch, vielleicht depressiv oder wie wir das nennen. Geheilt hing sie

ihrem Retter in Hingabe an; bei Lukas heißt es, die heilige Schar habe während der Wanderschaft von ihrem Vermögen und dem zweier anderer Frauen gelebt. Mehr wissen wir nicht. So gering ist unsere Kenntnis, daß ihre Gestalt Jahrhunderte lang mit jener dorfbekannten Burschenzuflucht verschmolz, die eines Tages, als Christus beim Essen und beim Gespräch war, sich von hinten an Jesus heranmachte und seine Füße mit Tränen und mit Parfüm genetzt und unaufhörlich geküßt und mit ihren Haaren getrocknet hat, worauf Jesus, welcher Choc für die Anständigen, sagt: »Ihr sind viele Sünden vergeben, denn sie hat viel geliebt.« Nur aus dem Umstand, daß Lukas gleich nach dieser Geschichte die Maria und ihre sieben Dämonen erwähnt, ist eine Verschmelzung entstanden; der große Augustinus hat die zwei Gestalten zusammengenommen, es war ihm eine Lieblingsidee. Der Evangelienbericht lautet anders.

Nun aber ereignet es sich, daß seit der Kreuzesstunde auf einmal helles und immer helleres Licht auf sie fällt. Wir finden sie unter dem Kreuz. Dann, als alle Angehörigen fort sind, ist sie bei der Bestattung dabei. Als auch die fremden Helfer weggehen, scheint sie geblieben zu sein, wankt und weicht nicht, nur daß sie nach Sabbat-Ende in die Stadt zu Besorgungen geht.

Dann, gegen Morgen, kommt ihre Stunde. Alles, alles kommt jetzt auf sie zu. Ihre Treue, ihr Erbarmen, ihre Standhaftigkeit, ihr nach nichts, nach gar nichts fragender Trieb treibt sie zum Durch-

bruch. Sie ist die erste, der die ungeheure Gewißheit erwächst, daß der Tod Christi kein Ende, sondern ein Anbeginn ist.
Und nun also:
Maria aus Magdala steht vor dem Grab. Sie wendet sich, sieht eine Gestalt, aber sie merkt nicht, daß Christus es ist. Es ist mit den Augen ja auch nichts zu erkennen, nie, auch in Emmaus, auch bei den Jüngerversammlungen nicht. Sie denkt: der Gärtner Herrn Josephs wird es wohl sein. Es werden Worte gewechselt und sie merkt es immer noch nicht: auch das Ohr kann nichts melden. Da ruft sie Christus beim Namen: »Maria!« Es ist der Namensanruf, wir kennen ihn aus der Paradiesesgeschichte. Dies ist ihr Augenblick, dies ihr Ereignis: sie bricht in die Kniee und sie leistet das Ihre, indem sie antwortet: »Rabbuni!« — das ist, in einem einzigen Wort, ein jähes Glaubensbekenntnis, denn es ist die feierlich gesteigerte aramäische Anrede, die nur dem Gott, keinem Menschen geziemt. Und so ist sie die erste, die an den Auferstandenen glaubt.
Das ist der ewige Preis dieser ruhmlosen Frau, die leidenschaftlich, nicht nachdenkend, erbarmungsstark, triebhaft und bedenkenlos ist. Im Verzweiflungsmeer dieses Morgens ist sie Stilla maris, der einzig glaubende Tropfen. Sie kann im Grund nur gebären. Aber siehe, ihr Schoß ist zu höchster Empfängnis bereit. Mit ihrem Anruf »Rabbuni!« hält sie den Sturm des Widerfahrnisses aus.
So kann es denn von ihr heißen, bei Markus, dem

ältesten, löwenstarken Evangelisten: ›Jesus, da er auferstanden war, erschien am ersten der Maria aus Magdala, von welcher er sieben Teufel ausgetrieben hatte.‹

Man kann den Glanz dieses Augenblicks, diesen Ausbruch von Glauben nur recht ermessen, wenn man ihn mit den andern Glaubensmomenten der Auferstehung vergleicht. Sie betreffen Johannes und Thomas. Maria aus Magdala hat, das Grab leer findend, den Petrus und den Johannes aus der Stadt hergeholt. Johannes, schneller laufend als Petrus, ist als erster zur Stelle. Er bückt sich, sieht die Leinenbinden daliegen, das Schweißtuch liegt extra. Aber er geht nicht hinein. Jetzt kommt Petrus an, geht ohne Umstand hinein, sieht alles, merkt nichts, es nimmt ihn bloß ›wunder, wie alles zuginge und er geht wieder fort.‹ Jetzt geht auch Johannes hinein. Und nun heißt es: ›. . . und sah und glaubte.‹ Woraufhin glaubt er? Auf Zeichen. Auf Orakel, auf Bilder, auf Zeichen, die von oben in unsere Sinnenwelt fallen; immerhin, aber mehr kann diese Welt, mehr kann diese Zeit nicht für uns tun.

Wenige Verse darauf folgt die Geschichte von Thomas. Der kann erst glauben, als er den Auferstandenen *begriffen* hat, mit dem Finger in die Wunden der Hände und in die Wunde der Seite. Der erste christliche Denker, der erste Theologe ist er. Er braucht die Begriffe.

So ist es, das Denken: mit dem Finger auf das Unberührbare greifen, auf das Unerhörte mit dem

Allerungehörigsten deuten, und, wenn es schlimm ist, zu langen.
Der Maria aus Magdala aber, die nicht denkt, wird die Gnade des Anrufs zuteil. Zu ihr sagt Christus: »Noli me tangere, me mu haptu. Begreife mich *nicht.*«

INHALT

insel taschenbücher

Alphabetisches Verzeichnis

Hermann Hesse:
Kindheit des Zauberers it 67

Hermann Hesse.
Leben und Werk
im Bild it 36

J. P. Jacobsen:
Niels Lyhne it 44

Kant-Brevier it 61

Marie Luise Kaschnitz:
Eisbären it 4

Erhart Kästner:
Die Lerchenschule
it 57

Erhart Kästner:
Die Stundentrommel
vom heiligen Berg
Athos it 56

Erhart Kästner:
Ölberge,
Weinberge it 55

Kropotkin:
Memoiren eines
Revolutionärs it 21

Choderlos de Laclos:
Schlimme
Liebschaften it 12

García Lorca:
Die dramatischen
Dichtungen it 3

Märchen deutscher
Dichter it 13

Wladimir Majakowski:
Werke I it 16
Werke II it 53

Mirabeau:
Der gelüftete Vorhang
it 32

Eduard Mörike:
Die Historie von der
schönen Lau it 72

Guillermo Mordillo:
Das Giraffenbuch
it 37

Guillermo Mordillo:
Das Giraffenbuch 2
it 71

Christian Morgenstern:
Alle Galgenlieder it 6

Johann Karl August Musäus:
Rübezahl it 73

Mutter Gans it 28

Die Nibelungen it 14

Orbis Pictus it 9

Phaïcon 1 it 69

Polaris 1 it 30

Polaris 2 it 74

François Rabelais:
Gargantua und Pantagruel
(2 Bände) it 77

Rainer Maria Rilke:
Das Buch der Bilder
it 26

Rainer Maria Rilke:
Geschichten vom
lieben Gott it 43

Rainer Maria Rilke:
Neue Gedichte it 49

Rainer Maria Rilke:
Das Stunden-Buch it 2

Rainer Maria Rilke:
Wladimir, der Wolkenmaler
it 68

Rainer Maria Rilke.
Leben und Werk
im Bild it 35

Lou Andreas-
Salomé:
Lebensrückblick it 54

Walter Schmögner:
Das Drachenbuch
it 10

Walter Schmögner:
Das unendliche Buch it 40

Sophokles:
Antigone it 70

Sophokles:
König Ödipus it 15

Robert Louis Stevenson:
Die Schatzinsel it 65

Jonathan Swift:
Gullivers Reisen it 58

Tolstoj:
Die großen
Erzählungen it 18

Iwan Sergejewitsch
Turgenjew:
Väter und Söhne it 64

Voltaire:
Candide it 11

Robert Walser:
Fritz Kochers Aufsätze it 63

Das Weihnachtsbuch it 46

Richard Wagner:
Ausgewählte Schriften
it 66

Oscar Wilde:
Die Erzählungen und
Märchen it 5

Heinrich Zimmer:
Yoga und Buddhismus
it 45